"融"课程的实践之路

王邦杰◎主编

东北师范大学出版社
长春

图书在版编目（CIP）数据

"融"课程的实践之路 / 王邦杰主编. — 长春：东北师范大学出版社，2021.1
ISBN 978-7-5681-7533-3

Ⅰ.①融… Ⅱ.①王… Ⅲ.①中等教育—课程设置—教学研究 Ⅳ.①G632.3

中国版本图书馆CIP数据核字（2021）第012915号

□责任编辑：石　斌　　　　□封面设计：言之凿
□责任校对：刘彦妮　张小娅　□责任印制：许　冰

东北师范大学出版社出版发行
长春净月经济开发区金宝街118号（邮政编码：130117）
电话：0431-84568023
网址：http://www.nenup.com
北京言之凿文化发展有限公司设计部制版
北京政采印刷服务有限公司印装
北京市中关村科技园区通州园金桥科技产业基地环科中路17号（邮编：101102）
2021年1月第1版　2021年12月第1次印刷
幅面尺寸：170mm×240mm　印张：16.5　字数：247千

定价：45.00元

编 委 会

主　　编：王邦杰
副 主 编：陈明祺　潘淑平　杨凌会
执行编委：谭　方　张　乾　黄棉水　王　倩　巴春蕾　卢　鑫
　　　　　李桂红　刘　冬　段雪婷　罗良广　陈嘉兴　邹燕妮
编　　委：（按姓氏首字母排序）
　　　　　曹力维　陈干萍　陈嘉兴　陈舒婷　陈秀玲　戴锐志
　　　　　丁晓玲　冯雨维　郭集琴　何　影　胡国华　黄彩霞
　　　　　黄国雄　黄静波　黄艳君　李　卓　李　静　李月平
　　　　　梁清颖　梁淑珍　林漫萍　林佩珣　林秀婷　盛育莉
　　　　　孙洁琼　汪　莹　王　艺　王海玲　王欣磊　王中骅
　　　　　巫汉威　徐翠兰　徐　航　杨　柳　杨逸飞　叶雪娇
　　　　　殷灵玲　张可佳　赵　华　钟海花　周群丽

序 言
PREFACE

课程是什么

21世纪以来，人类社会逐渐步入迅速发展的快车道，一些国家的教育教学也需要进行改革，其中课程、教材的改革总是教育改革的一个重要内容。在众多教育改革中，往往出现各种不同的教育思想和经验，于是课程论的内容随之逐步充实起来，成为教育学的一个重要组成部分，也成为学校课程建设的重要依托。

学校教育的根本问题是"培养什么样的人？""怎么培养？""培养得怎么样？"这些都要靠课程来实现。育才学校秉承"个性生动，小学大成"的办学理念，遵循实施素质教育的根本要求，多年来致力于学校课程建设和校本课程研发，构建了基于学生核心素养，以"融"为核心的学校课程体系。"融"课程，以新课程理念为指导，顺应社会、教育和学科发展趋势，打破学科边界，促进学科间相互渗透、交叉、优化组合，丰富学生多样的学习体验和学习经历。

"融"课程实施的主要原则和基本思路：

1. 以校为本，注重学生全面发展和个性发展

育才学校"融"课程在落实国家课程计划的基础上，发挥学校优势，构建符合自己学校实际的课程体系，促进学校发展、教师成长，在各个年级段，根据学生身心特点和发展需求，设置不同课程内容，最终指向是促进学生的全面发展和个性发展。

2. "融"为核心，注重学科课程内部资源整合

学校课程实施过程中，成立"6+1"课程工作室，充分整合校内外课程资源，尤其注重学科课程之间的融合，关注学生已有经验，从多元化多角度全面展现知识间的联系，发挥不同学科资源的效能和作用，并以高质量的常态课保障课程实施效果。

3. 科研引领，注重教师课程领导力提升

各课程工作室主持人对课程活动进行引领，以合作的方式开展课程规划、校本课程的开发与实施、课程资源开发与利用等课题研究，从多维度进行课程评价，从而实现课程发展目标，最终实现教师专业发展与课程领导相融合。

育才学校以课程建设为契机，不断更新教育观念、优化教育资源、突显办学特色，以提升学校文化品位。随着现代化建设的发展和素质教育的深化，不断丰富课程内容和形式，以更好地满足学生的兴趣和成长需要，全面落实素质教育，为学生终身发展奠基！

王邦杰

目录
CONTENTS

第一章 "融"课程的理论架构 ············· 1

育才学校"融"课程简介 ··· 2
"融"课程的源起 ··· 5
"融"课程文化脉络 ··· 9
"融"课程历史脉络 ·· 13
"融"课程的内容 ·· 15
"融"课程的创新设置 ··· 17
"融"课程的六大课程领域 ··· 20
"融"课程的实践创新 ··· 26
"融"课程的成效 ·· 28

第二章 "融"课程的素养培养 ············· 31

"春联文化"教学中语文素养发展之探究 ································· 32
《典范英语》的学习重在理解 ·· 36
对短跑运动中专注力的探讨 ··· 40
浅谈核心素养的"容"与"融" ·· 44
提高小学数学课前预习有效性的策略 ····································· 48

小学低年级写话能力培养初探 …………………………………… 52
小学低年级英语阅读素养的培养 ………………………………… 57
在文本教学中培养学生英语核心素养的实践和思考 …………… 62
注重数感发展　提高计算能力 …………………………………… 68
自然拼读在小学低年级英语教学中的应用 ……………………… 73

第三章　"融"课程的智慧应用 ……………………… 77

创设情境教学法在小学信息技术课堂与小学英语课程中的整合运用与实践 … 78
浅谈信息技术在低年级英语听说教学中的妙用 ………………… 81
浅谈信息技术在小学数学教学中的应用 ………………………… 86
浅谈现代教育技术对语文教学的影响 …………………………… 90
浅谈注重数学概念的重要性 ……………………………………… 94
信息技术融入数学学科的策略研究 ……………………………… 97
严谨的数学语言　灵动的思想火花
　　——巧妙运用教学内容训练低年级学生的数学语言 ……… 100
运用综合材料进行儿童绘本创作的意义 ………………………… 104
立足艺术本体语言，感悟人物形象 ……………………………… 110

第四章　"融"课程的叙事悟道 ……………………… 115

可爱的他们 ………………………………………………………… 116
老师，你是最喜欢我的！ ………………………………………… 119
你是一颗星 ………………………………………………………… 122

神奇的药方··125

师者如蚌··128

守秘让我成为孩子的朋友··130

信任的价值··132

小星星亮起来··134

学习园丁护花与农民种地
　　——后进生转化点滴见解··136

也谈师爱的力量··140

第五章 "融"课程的智慧评价··············145

育才学校核心素养评价体系总体框架··146

育才学校核心素养评价系统核心原理··150

育才学校核心素养评价系统效益效果··157

语文学科核心素养评价指标··159

数学学科核心素养评价指标··164

英语学科核心素养评价指标··168

科学学科核心素养评价指标··172

美术学科核心素养评价指标··174

品德学科核心素养评价指标··176

体育学科核心素养评价指标··179

信息技术学科核心素养评价指标··180

音乐学科核心素养评价指标··181

综合实践学科核心素养评价指标··183

安全评价和社团评价核心素养评价指标··184

育才学校一至二年级期末评价周评价指标··185

第六章 "融"课程的未来探索 ... 189

基于微信平台泛在学习提高小学生英语能力的研究 ... 190
大数据背景下"因材施练"提高小学生口算能力的研究 ... 196
基于学生个体差异发展的课堂教学设计
　　——以小学语文二年级下册《黄山奇石》一课为例 ... 202
借课堂观察关键数据诊断与改进课堂教学 ... 210
借课堂观察数据评析师生互动的质量
　　——以数学《分一分（一）》一课为例 ... 214
浅谈平板支持下的泛在学习中的教师素养 ... 224
探究性学习中的特殊需求教学 ... 229
未来课堂之数学学习 ... 233
相融共生的师生学习路径初探
　　——以北师大版三年级下册第一单元《分桃子》为例 ... 236
小学科学教材校本化"微处理"实践初探
　　——以教科版六年级下册《微小世界》单元为例 ... 241

参考文献 ... 245
后　　记 ... 253

第一章 "融"——课程的理论架构

育才学校"融"课程简介

深圳市蛇口育才教育集团育才学校,创建于改革开放之初的1983年,始创者是招商局蛇口工业区。1994年育才学校通过广东省的督导评估,成为深圳市较早的省级学校之一。2000年,学校交归政府,直接隶属于南山区教育局,2003年成为广东省首个以公办学校为主体的教育集团——深圳市蛇口育才教育集团的成员学校。

目前我校占地面积18212平方米,建筑面积15801平方米,是深圳市最大的单体学校。现有55个教学班,在校学生2594人,教职工157名。设行政中心、教学中心、学生中心、保障中心四个职能部门,各中心下设各处室,部门职能明确,各成员团结协作、开拓创新。

育才学校秉承"个性生动,小学大成"的办学理念,以全面提升学生的核心素养为目标,将课程划分为品行与生活、语言与人文、数理与逻辑、运动与健康、艺术与审美、科技与创新六大领域,包含基础课程、活动课程、特色课程三大类型,并在全国率先实施综合素质发展学分制评价,研发了小学生综合素质发展学分评价电子系统,推进了学校整体课程体系建设的深度发展。

学校尊重学生的个性发展,目前有各类综合实践活动、以兴趣为中心的体育分项课、面向未来的小班教学实验、多门校本课程、多个社团组成的自选超市课程(特色俱乐部)等多项创新改革。月月都有"节"的校园生活,以特长教育的"2+2"工程为引领的艺术、体育活动,成为学校内涵发展的显著标志。其中以体育分项课为龙头的小学体育课程改革,使学校板球、游泳、足球等特色越来越明显,我校已有多位足球小队员赴西班牙留学及入选中国少年足球队。学校板球队连续获全国冠军。

随着智慧校园的创建,信息技术和学科课程深度融合,"融"的智慧促进教育教学均衡发展。育才学校已成为一所特色显著的特区名校,全校师生力争做更好的自己,朝着更高的目标不断前行!

　　课程是学校实现育人目标的重要载体。我校将学生发展核心素养分层次、分阶段地融入各学段的教育中,使相关学科深度融合。我校具备人文教育、创新教育、生活教育等全方位的课程结构,成立了六大领域课程工作室和以"融"为特色的未来学习研究工作室,为所有的学生提供相对均衡、优质的教育,并以评价推进和完善学校整体课程体系建设(见图1–1)。

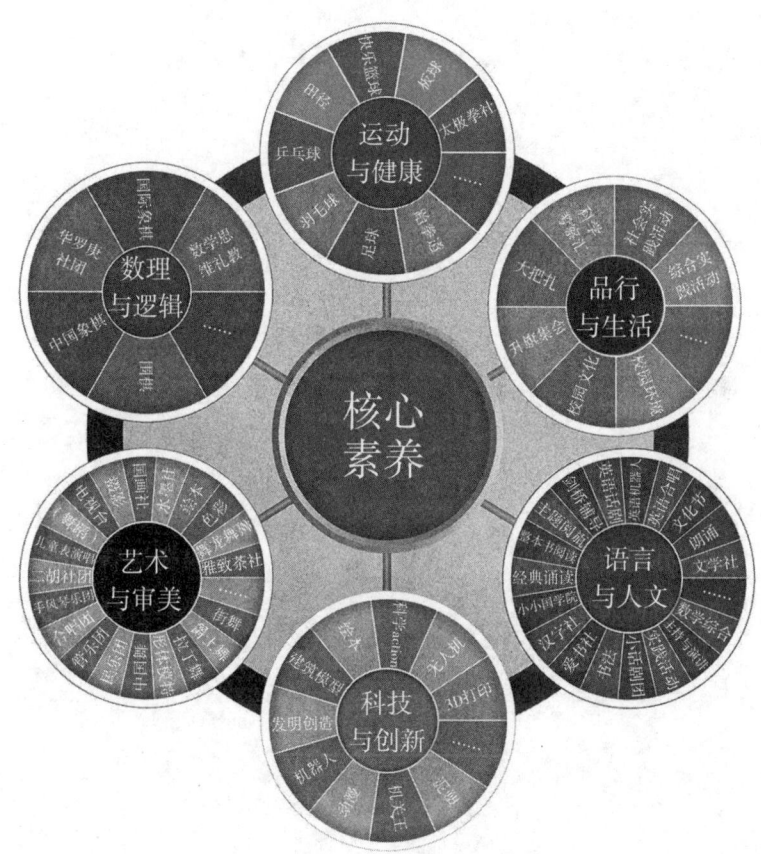

图1–1　六大课程领域

　　学校在落实立德树人根本任务的同时,以培养拥有基础学力、健康身心、责任担当的社会人作为学校主要的育人目标。学校系列功能室的设置渗透科技创新理念,创客文化已然成为校园文化建设的主要部分。在政府的大力支持下,我校将"四点半活动"列为学校课程的重要组成部分,丰富了学生的课业生活,这使我校的教育更贴近学生的个性需要,以满足未来社会对人才培养的需求。

　　学校以"做更好的自己"为引领，升级综合素质发展学分评价系统，突出对面向未来核心素养的全面观照，彰显评价对学校发展的引领作用，课程与评价相得益彰，以"小学"铸"大成"，营造个性生动的课堂氛围，做一个幸福的教书人。

"融"课程的源起

课程是学校的灵魂,是达成教育目的和育人目标的根本。学校的课程体系建设必须建立在学校现实的基础上。育才学校从学校育人目标出发,进一步梳理、完善、融合、提升学校课程,绘制课程图谱,创造性地构建了以"融"为特色的课程体系,深入研究课程目标、领域目标和水平目标,开展课堂教学设计与实施研讨,进行自主课堂、生动课堂、高效课堂的设计,进一步探究教育教学评价。"融"课程的六大课程领域将学生发展分层次、分阶段地融入各学段的教育教学中,使多学科达到深度融合,从而促进学生的全面发展。课程体系建设引发了学校管理模式的创新性变革,为教师发展开辟了新途径,搭建了新平台,为学生成长开辟了新空间。由此,学校产生一系列革命性变化,实践创新取得了丰硕成果。

一、国家培养高素质人才的需求

课程是学校教育的主阵地,学校的育人目标是培养学生必备品格和关键能力的根本导向。习近平总书记在全国教育大会上对教育体系和人才培养体系的高远布局做出了系统阐述,并强调:要深化教育体制改革,健全立德树人落实机制,努力构建德智体美劳全面培养的教育体系,形成更高水平的人才培养体系;要在增强综合素质上下功夫,教育引导学生培养综合能力和创新思维。

育才学校确立了"融"课程体系,将立德树人细化落实到各学科课程的教学目标之中,融入道德法治教育、文化知识教育、社会实践教育等,以融合创新推动课改,培养高素质人才。

二、课程建设是学校育人的重要载体

课程建设是学校落实立德树人、培养学生必备品格与关键能力的最优选择。学校以课程改革推动立德树人，在课程体系建设方面进行了理念与实践的深入思考，通过对课程体系建设路径的探索，来不断适应新形势对学生提出的新要求。《国家中长期教育改革和发展规划纲要（2010—2020年）》指出：全面实施素质教育重点是面向全体学生、促进学生全面发展，着力提高学生服务国家与服务人民的社会责任感、勇于探索的创新精神和善于解决问题的实践能力。育才学校结合学校实际构建了六大领域课程体系，明确了学生应具备的必备品格与关键能力，从六大领域课程梳理目标体系，将核心素养的落实分布于各课程领域（见图1-2），开展集课程建设、课堂教学、智慧评价于一体的设计与实施探究。

图1-2 六大领域中核心素养的重点落实

三、课程建设助力打造教育的"南山质量"

深圳市教育局提出："打造教育'深圳质量'，做有使命感的领跑者。"南山教育局在"十三五"发展规划中提出要打造教育的"南山质量"，提出"让每一所学校都优质，每一位老师都精彩，每一位学生都幸福"的目标。我校提出"个性生动，小学大成"的办学理念，以立德树人为导向，构建富有成效的课程实践框架，通过国家课程校本化实施和校本课程开发，高质量满足学生需求，真正落实减负增效，促进学生全面而个性地发展。

我校是首批国家课改实验区的首个课改现场会学校，率先提出全方位课程改革，获得"全国标兵红旗大队"的称号，是全国队改直接联系示范校，队改与课改高度融合成为学校特色。学校引进了丰富的社会资源，如发展手拉手友好学校，开设基于尊重、平等的课改实验，引进国际理解教育IB课程开展博物馆课程等，将语言与人文、国际理解、项目学习、综合实践、体育和艺术分项、"四点半活动"等课程整合后进行思考和实践。在此基础上对课程统整、融合的系统策略与实践研究，具有迫切的现实需求。学校硬件条件突出，师资队伍充满活力，有浓厚的科研氛围，地处蛇口改革开放区，社区资源丰富，育才集团化办学引领，等等，这些为课程建设奠定了坚实的基础。

四、课程建设促进教师专业发展

课改的核心是教师的发展，而教师的发展不仅要树立超前的理念，也要超越专业、学科，培养大视野、大格局，落实"教师即课程"这一概念（见图1-3）。好课程的开发与实施证明了我校教师的课程建设能力，也证明了课程统整、融合创新、构建校本化课程体系是学校文化建设的必由之路，这是一种理念，更是一个过程。课程建设推动教师专业发展，教师课程素养的科学性和规范性，反过来推动课程建设走向理性，走向实践智慧，走向成熟。

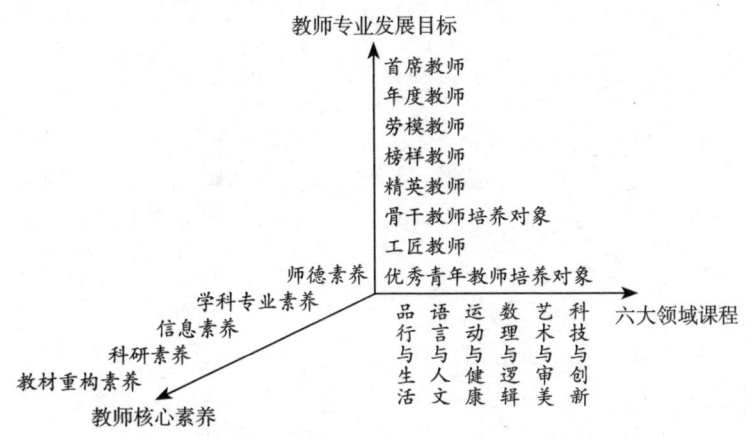

图1-3　基于核心素养课程体系的教师专业发展途径研究

五、"融"课程研究的意义

"融"课程研究的意义可从理论和实践两个方面阐述。

理论意义：本课题的研究通过对顶层设计概念的系统解读，阐述了其对学校课程建设的方法论意义，为今后的相关研究提供借鉴。本课题从顶层设计的视角对学校课程建设的内容、操作方法、实践可行性等方面进行研究，超越现有的经验，使得研究更深入。

实践意义：帮助学校认清课程建设现状，形成系统思维和全局观念；进行核心素养下的"融"课程体系建设，为学校提供可参考的路径选择与学校课程体系的构建模式。

基于学校"融"课程体系建设研究，强调基于学校课程资源及原有课程基础进行课程校本化实施与全面整合，进而形成学校课程体系，优化学校课程结构，使学校课程各要素整体关联，凸显学校课程的整体性与结构性，经过优化组合、系统整合后的课程最终再回归到校园生活中，回归到师生的教学学习中，经过与师生的互动与反馈不断地调整更新，使学校课程在常态中常新，适应学校发展和师生的需求，这是本课题重要的研究价值所在。

"融"课程文化脉络

自学生核心素养视角下的课程改革研究综述《基础教育课程改革纲要》颁布之日起，课程改革已进行了20年，已经跨入课改的深水期与关键期，与此同时也进入了矛盾的凸显期。教育改革中存在的问题还需进一步深化改革。学生核心素养的提出正是基于改革中的实际问题而产生的，是在理性审视与反思基础教育课程改革困境后所提供的合理性解决方案与策略。从某种程度上来看，学生核心素养本身是课程改革的产物，是进一步深化课程改革、落实立德树人目标的现实抉择。近年来，国内外学者针对学生核心素养展开了激烈的讨论，研究成果主要集中在学生核心素养的内涵、学生核心素养的构建体系、学生核心素养视角下的课程维度以及基于学生核心素养的课程改革实践探索四个方面。

一、我国关于学生核心素养的研究发展动向

将"学生核心素养"作为主题词，采用手工和计算机检索的方法，在中国知网、万方数据库、中国学术期刊网络出版总库、中国博士学位论文全文数据库、中国优秀硕士学位论文全文数据库、中国重要会议论文全文数据库、中国重要报纸全文数据库、中国年鉴网络出版总库、高校图书馆对相关文献进行检索后不难发现，从文献来源上来看，本研究的文献来源主要集中于期刊，占比87%，其次是硕士学位论文，占比6%，重要报纸占比4%，重要会议论文仅占2%，博士学位论文占1%。由当前的研究层次可见，硕博研究群体对核心素养的关注度较低。

对关于"学生核心素养"不同年度的研究分布情况进行比较分析后，可以看出我国对学生核心素养的研究起步较晚。但从2013年开始，对学生核心素养的研究呈现出上升趋势（检索时间截止到2017年1月1日），并在2016年

度迅猛发展。这一研究趋势的上升与2014年3月30日发布的《关于全面深化课程改革落实立德树人根本任务的意见》有着密不可分的联系——"核心素养"一词首次出现在国家文件当中，迅速得到了学者们的高度关注。2016年9月，教育部基础教育二司鉴定通过的《中国学生发展核心素养》的发布，进一步激发了学者们对学生核心素养的研究热情，大量研究成果不断涌现，使得2016年迅速发展成"核心素养年"。

二、核心素养的内涵研究

目前，我国学者对核心素养的内涵认识基本一致，即认为核心素养是解决"培养什么样的人"的教育问题，指向受教育者的素养和能力。但是，深入分析各学者有关"核心素养"的内涵解读，可以看出不同学者是从不同视角阐述"核心素养"的内涵的，因此，笔者将目前国内学者对"核心素养"内涵的认识维度分为以下几方面加以介绍。

1. 要素维度

"核心素养"一词包含两个要素，一个是核心，一个是素养。国内学者针对如何解释"核心"和"素养"与能力、素质、技能、知识等概念的区别，展开了对"核心素养"内涵的理论探究。关于"核心素养"中的"核心"如何解读，不同学者提出了不同的看法。有学者从核心素养的基础性来解读"核心"的内涵，认为核心素养是起着奠基作用的品格和能力。有的学者则认为核心素养指向高级能力，它是人超越了农业和工业时代，从而适应信息时代和知识社会的需要，体现了更具有创造性思维能力和复杂交往能力的高级能力。有学者从最关键、最少数的角度解读"核心素养"的"核心"，如有的学者认为核心素养是素质教育、三维目标、全面发展、综合素质等中间的"关键少数"素养，体现为各种素养中的"优先选项"，是素质教育、三维目标、全面发展、综合素质等的"聚焦版"。有的学者则根据目前已经颁布的《中国学生发展核心素养》中有关"核心素养"的表述认为其核心素养并不"核心"，而是一种"综合素养"，认为核心素养应该是那些最重要的、最关键的、能够形成共同基础的东西。

针对"核心素养"中的"素养"解读，国内学者从对素养、素质教育、三维目标以及知识、技能等概念的剖析中也提出了各自的见解。例如，针对核心素养与素质教育的关系，有的学者认为核心素养是对素质教育内涵的解读与具体化，它的提出让素质教育有了可操作的载体与内容。而有的学者则从核心素养对素质教育的超越性的角度，探讨了两者之间的关系，认为相比于素质教育，"核心素养关注新的时代背景下人的素质培养问题，对素质含义及其结构的理解更关注人成功应对复杂情境中实际活动的需要"。针对核心素养与三维目标之间的关系，有学者认为，核心素养是对三维目标的传承和超越，核心素养将三维目标中的知识、技能和过程、方法提炼为能力，把情感态度价值观提炼为品格，并且，相比于"双基"和三维目标体现的学科本位，核心素养体现的则是以人为本的超越。对素养与知识、技能的关系，有学者认为，核心素养不同于知识，它将知识提升为观念，尊重学生的个人知识，在实践中体现为转变知识学习方式，倡导深度学习与协作学习。有学者认为，相比于知识、技能等具体学科领域，核心素养并不指向某一学科知识，而且不仅限于满足基本生活需要，体现为更有助于个人追求生活目标，促进个人发展和有效参与社会活动，同时认为"素养"比"能力"的意义更加宽泛，既包括传统的教育领域的知识、能力，又包括学生的情感态度价值观。

2. 结构维度

国内有学者从结构维度来探讨"核心素养"的内涵，他们从"核心素养"的层次结构方面来认识其内涵，是对"核心素养"内涵的创新认识。将"核心素养"的内涵进行层次的划分对确定各学科的核心素养内容和教育培养过程的教育实践有现实指导意义。从结构维度来探讨"核心素养"内涵的学者认为学科核心素养是理解核心素养的基础，并认为学科核心素养由三个层面构成：最底层是"'双基'层"，以基础知识和技能为核心；中间层是"问题解决层"，以基于问题解决过程中所习得的基本方法为核心；最上层是"学科思维层"，指在系统的学科学习中通过体验、理解及内化等过程逐步形成的思考和解决问题的思维方式和价值观。通过对学科核心素养的分析，有学者认为核心素养也由以上三个层次构成。但细究其论证过程，其从学科核心素养的层次结构分析直接过渡到整体核心素养的内涵结构层次的论证方式值得商榷。

三、核心素养的课程改革研究

一些学者对基于核心素养的课程改革进行了实践研究。窦桂梅等人开展了基于学生发展素养的"1+X课程"研究，通过这个研究整合了国家课程，创立了适合的校本课程，逐步形成了一套基于国家课程且高于国家标准的、符合清华附小学生发展需要的"1+X课程"体系。夏雪梅以学生的核心素养和课程的关联性作为标准，把某学校的课程划分为6类，对该学校的课程改革进行了干预研究。朱向峰以江苏省教育厅的"蒲公英课程"为基础，采用以大数据为策略的实证研究方式，探讨如何进行基于核心素养的教学改革。

"融"课程历史脉络

一、核心素养

素养,指平时的自我修养,语出《汉书·李寻传》:"马不伏枥,不可以趋道;士不素养,不可以重国。"意谓马不喂养,不可能上路快跑;士兵平时不训练,不可能肩负起保卫祖国的重任。现在多指人们通过努力学习、刻苦锻炼和自我修养所取得的某种收获、成果或所达到的水平和境界,如政治素养、道德素养、文化素养、艺术素养等。综合素养,指人通过努力学习、刻苦锻炼和自我修养所取得的各种收获、成果的总和,或所达到的总的水平和境界。

小学生的素养种类是多样的,素养种类的多样性给分类带来了困难。各个国家的核心素养与课程体系的相互关系呈现三种模式,包括核心素养独立于课程体系之外的美国模式、在课程体系中设置核心素养的芬兰模式,以及通过课程标准内容设置体现核心素养的日本模式。基于此,构建基于核心素养的课程体系应至少包含具体化的教学目标、内容标准、教学建议和质量标准四部分。具体化的教学目标和质量标准要体现学生的核心素养,内容标准和教学建议要促进学生核心素养的形成。

二、学校课程与学校课程建设

对学校课程的理解不同自然会影响学校课程的建设。目前教育领域有三种对学校课程建设的不同理解:一种认为学校课程就是校本课程;一种认为学校课程是存在于学校的所有课程,包括国家课程、地方课程和校本课程;一种认为学校课程是在学校环境中对学生成长发展起影响作用的因素。

基于第一种认识的学校课程,在建设中往往是课程物化的成果展示,内容涉及多个领域，对国家课程和地方课程只是规范性地执行、实施。基于第二种认识的学校课程建设，是对学校整体课程进行统筹规划、开发整合、编排实施、组织管理、评估监控，是一项系统工程。第三种观点对学校课程的认识非常广泛，包括任何形式的课程形态，有正式课程和非正式课程、显性课程和隐性课程等，我们可以称之为课程的因素。

基于顶层设计理念的学校课程建设，强调的是对学校内三级课程的有效组合和系统设计，本课题研究更倾向于第二种对学校课程的理解，并在此基础上展开对学校课程建设的研究。

三、课程体系

本研究所提及的课程体系，指的是由不同门类的课程按照一定方式组合而成的，以一个体系形式存在的学校课程整体结构。所谓校本课程体系，则专指在学校教育教学实践中，为承载学校育人目标、办学目标，围绕学校办学理念，以学校为主体设计、实施的课程体系。

在课程体系中，课程依照呈现形态的不同和显现程度的不同，分为显性课程和隐性课程，显性课程依照传授经验的间接化程度和学生学习活动的组织方式，分为学科课程、核心课程和活动课程，学科课程又可依据各学科内容的融合程度分为分科课程、广域课程、综合课程；而隐性课程一般按照其呈现方式分为物质类、精神类、制度类等。

"融"课程的内容

育才学校根据核心素养框架体系,结合学校特色课程,绘制学校课程图谱,构建了以"融"为特色的课程体系,创建了"6+1"课程工作室,在深入研究课程目标、领域目标和水平目标的同时,开展课程的融合创新,培养具有创新意识和创新能力的学生。

一、课程建设促进学校管理模式的变革

学校面对社会的发展和时代的挑战整体做到五个方面的融合,积极探索创新人才培养模式(见图1-4)。在课程体系建设实践探索的促进下,改变以往的管理模式。

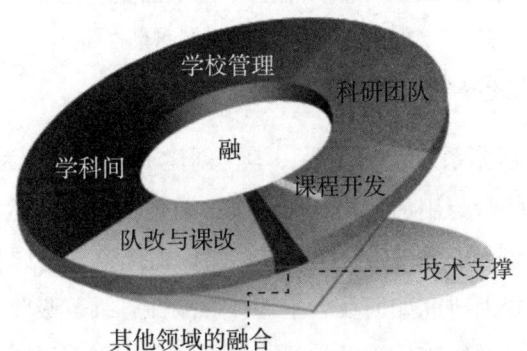

图1-4 学校育人突出五个方面的融合

学校进行以"融"为特色的管理改革,构建"四个中心"管理模式(见图1-5),围绕立德树人开展工作,完善课程建设实施组织架构,强化教育教学研究(见图1-6)。

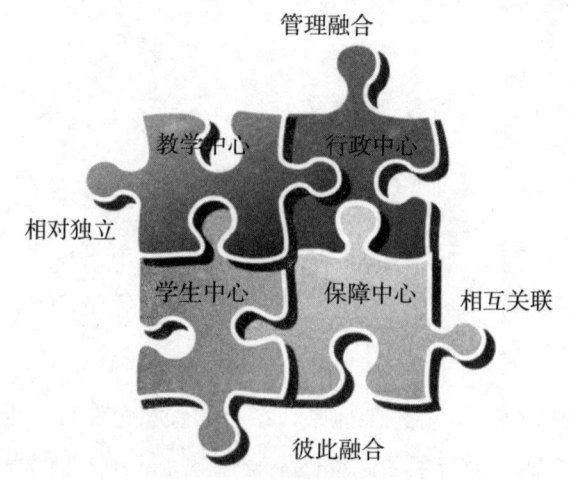

图1-5 "四个中心"管理模式

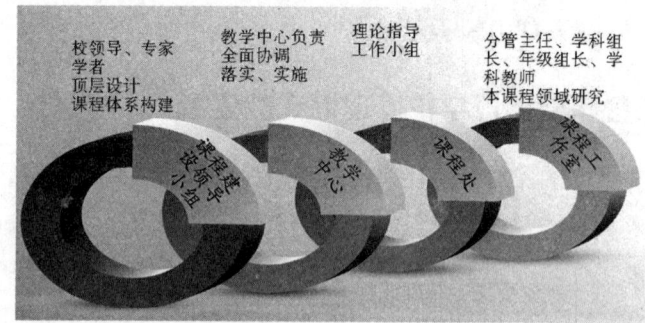

图1-6 课程建设实施组织架构

二、创建"6+1"课程工作室

基于学校课程体系建设的需要，学校创建了以"融"为核心的"6+1"课程工作室，即品行与生活、语言与人文、数理与逻辑、运动与健康、艺术与审美、科技与创新、未来学习研究7个课程工作室，将课程改革、教学改革推向深入，课程上研究如何让学生选择挑战性思维，吸收挑战性思维带来的创新价值，引导学生进行深度学习，培养学生的创新思维，促进核心素养与关键能力的提升，落实立德树人根本任务。

"6+1"课程工作室打破学科界限，在以往以学科为主线的管理模式下进行重组，工作室成员组成涵盖多个学科，突显了课程的融合性与创新性。以融入课程标准的学习为基础，以课程开发、课堂实施为根本，学习共同体间达成以"融"为核心的团队互助，争做成长型与研究型教师，探讨评价改革，助推学校课程体系建设。

"融"课程的创新设置

我们将发展学生必备品格与关键能力作为课程设置和编排的目标，在此基础上梳理课程目标体系，开展课堂教学设计与实施研讨，进行课程资源开发与利用，探究基于核心素养的综合评价，对基础课程—（个性）拓展课程—特色课程、实施方式—课时安排—评价方式进行系统思考与实践，使核心素养及关键能力得以落实（见表1-1）。

表1-1 培养学生必备品格与关键能力的课程设置与编排

中国学生发展核心素养			基本要义	基础课程	（个性）拓展课程、特色课程	实施方式	课时安排
三个方面	六大素养	十八个要点					
文化基础	人文底蕴	人文积淀	在学习、理解、运用人文领域知识和技能等方面所形成的基本能力	品德、语文、英语、音乐、美术、综合实践活动等	雅志茶社、少儿茶修、IB课程、小叶榕文学社、朗诵社团、校园读书节、数学文化节、英语节、艺术节、科技节、体育节等活动，走进中国改革开放蛇口博物馆课程、阅享悦读课程、艺术分项课程、儿童综合材料绘本、班班有歌声、英语话剧、电视台主持人、书法、中华古法纸艺等	常规课堂、"四点半活动"，学生自主选择、教师跨界融合	除了常规安排外，还要在4：30—5：30落实
		人文情怀	情感态度				
		审美情趣	价值取向				

17

续表

中国学生发展核心素养			基本要义	基础课程	（个性）拓展课程、特色课程	实施方式	课时安排
三个方面	六大素养	十八个要点					
文化基础	科学精神	理性思维	在学习、理解、运用科学知识和技能等方面所形成的价值标准	品德、数学、科学、信息等	数学游戏课程、数学文化节（社）、数学思维课程、科技节、航模社团、科学ACTION等	同上，还有iPad班实验：教师共同体合作课	自主灵活安排
		批判质疑	思维方式				
		勇于探究	行为表现				
自主发展	健康生活	认识自我	珍爱生命	品德、体育、心理	体育节、眼保健操、阳光体育、足球、板球、篮球、乒乓球、跆拳道、游泳、田径、羽毛球、太极拳、棋类、体育分项课程、心理咨询、学习支持中心	同上	同上
		发展身心	健全人格				
		规划人生	自我管理				
	学会学习	乐学善学	学习意识形成	品德、语文、数学、英语、音乐、体育、美术	所有活动课程，包括未来学习研究的项目式学习、主题学习、COP项目等	同上	同上，实践活动
		勤于反思	学习方式方法选择				
		信息意识	学习进程评估调控				
社会参与	责任担当	社会认同	在处理与社会、国家、国际等关系方面所形成的情感态度	品德、班队会、少先队活动、语文、英语等	社会实践活动、环境课程、生命课程（生涯规划教育）、综合实践活动、鼓号队、舞龙舞狮社、发明创造、3D打印社团、动漫、机器人、创客空间	同上	同上，校外活动
		国家认同	价值取向				
		国际理解	行为方式				

续表

中国学生发展核心素养			基本要义	基础课程	（个性）拓展课程、特色课程	实施方式	课时安排
三个方面	六大素养	十八个要点					
社会参与	实践创新	劳动意识	在日常生活、问题解决、适应挑战等方面所形成的实践能力	同上	同上	同上	同上
		问题解决	创新意识				
		技术应用	行为表现				

素养导向的六大课程领域，不仅关注学生的道德生活和人格养成，充分挖掘和展示教学过程中的各种道德因素，还积极关注和引导学生在教学活动和日常生活中的各种道德表现和道德发展，从而使学校教育成为学生一种高尚的道德生活和丰富的人生体验。

综上，六大领域课程落实核心素养的两条路径：一是以多样化的教学形态落实学科课程；二是探究统整课程，成为理想的素养导向模式。育才学校的课程统整与融合，不是一个固定的模式，而是一种多样化的课程设计方式，课程整合不是结果，而是过程。学校"融"课程实践从熟悉的开始，从容易的开始，在协作中开始。

"融"课程的六大课程领域

育才学校构建了"融"课程的六大课程领域,从七个方面打造丰富多彩、有质有量的课程领域,具体内容分别如下。

一、品行与生活领域

课程落实的主渠道即德育课程。课程围绕儿童与自我、儿童与社会、儿童与自然三条主线,以健康生活为前提和基础,以动手动脑、有创意地生活为支撑。队改十项、"道法"实践——博物馆课程、学习支持中心、少先队改革与《道德与法治》课程相融。课程整合包含统整学校教育、社会与民主的多层含义,要求以学生为中心设计课程,从生活情景、社会发展等各个方面思考课程整合。

以"一条主线,点面结合,综合交叉,螺旋上升"为课程的设计思路,基于核心素养,采取"生活化+活动化"的德育课程教学模式,将民族团结教育和法治教育融入相关学科,切实加强学生的法治意识和民族大团结意识(见表1–2)。

表1–2 2016—2017学年育才学校×年段学生品行与生活培养目标

班级:_____ 队名:_____ 小组名:_____ 姓名:_____

项目	目标(要求)	自评	同伴评	老师评
责任担当	1.服装仪表整洁,升国旗奏国歌肃立脱帽,行注目礼,少先队员行队礼。破旧红领巾及时更换			
健康生活	2.关心集体、孝敬父母、尊敬师长、关爱同学			
	3.同学之间以礼相待,使用文明语言,会问候、会招手、会微笑、会鼓掌、会道歉、会右行礼让			
实践创新	4.不说脏话,不说谎话,不打架,不骂人,不给他人取绰号,不说使别人伤心羞愧的话。有错能及时改正			

续 表

项目	目标（要求）	自评	同伴评	老师评
责任担当 健康生活 实践创新	5.按时到校，严格守时			
	6.未经允许不乱翻别人的东西，借别人的东西按期归还。捡到东西主动归还失主或交给老师			
	7.老师或他人在办事或与别人交谈时，不随意打扰			
	8.认真做好"两操"，讲究卫生，坚持参加"四点半活动"。			
	9.集合时做到快、静、齐，不搞小动作，不互相推挤，队伍行进中不说话、不掉队			
	10.课间不奔跑，有事快步走；上下楼靠右行；不打闹嬉戏、大声喊叫			
	11.爱惜学习、生活用品，保管好自己的物品。学习用品摆放整齐，桌上、桌内整洁有序			
	12.认真做值日，学会扫地、拖地。不随地乱扔果皮纸屑，保持环境卫生。节约水电，爱护公共财物			
	13.不乱花钱，不带零食进校园，不买校外无证摊贩的食品、饮料；不接受陌生人给的任何东西			
	14.互帮互助，心中有集体，愿意为集体服务			
	15.学会用餐等方面的公共礼仪；进他人房间要敲门			
	16.注意安全，不用笔、刀、雨伞等尖锐物对着同学			
	17.认真完成各科作业，作业本整洁			
	18.上课积极举手发言，参与交流，声音响亮			
	19.学会倾听。认真听老师、同学讲话，不随便插嘴			
	20.热爱学习，喜欢阅读，积极实践、探究，学会分享			
填表日期	_____年_____月_____日	总评		

  品行与生活课程以少先队十项改革作为具体抓手，将队改和课改紧密结合起来，实施了德育课程一体化建设，将立德树人目标融入各学科教学之中，使德育与智育、体育、美育有机融合，把传授知识与陶冶情操、习惯养成、培育和践行社会主义核心价值观有机结合起来。

二、语言与人文领域

课程重点围绕人文底蕴、学会学习、责任担当等开展跨界整合，有语文与英语学科本位，有多学科统整（PAD教学），有阶段衔接的完整统整项目课程。将国学经典作为传统文化教育的重要内容，如传统节日课程、茶文化课程等，注重在相关学科中渗透国学经典。在课程目标确立、内容设计、组织实施、学习评价等环节，适时融入中华优秀文化，链接与单元或课时主题内容契合的国学经典，形成完整而有序的课程体系。

英语、艺术、科学课程与IB课程等相融，跨学科整合：进行IB教学，探索艺术与英语、科学与英语的课程整合策略，探索学科之间的融合与统整。通过主题单元的形式，统整相关学科知识，培养学生的综合运用能力、实践能力和创新能力。

只有将中国学生发展核心素养植根于中华优秀传统文化的土壤中，中国学生才能在世界文化的激荡中既站稳自己的脚跟，又跟上世界前行的步伐，因为民族的就是世界的。因此我校将传统文化课程做到"四融入"：融入课堂教学，融入实践活动，融入主题教育，融入师资培训。我们打破学段的限制，与践行社会主义核心价值观紧密结合，并将之作为学生核心素养培育的重要途径之一。

三、艺术与审美领域

艺术教育不只是教育的一个领域、一个学科，而且是教育的基础和崇高形式，通过艺术教育可以改造教育、优化教育，艺术教育应当渗透到所有学科，所有学科教育都应艺术化，即充溢情感、漫溢想象、富于创造，各科教育都在艺术的伴随下走进学生的心灵，走进知识的世界和智慧的天地。

艺术与审美课程领域与其他课程领域的融合主要体现在：多种音美活动课程、特色小作坊、特色馆等，是音乐与美术的融合；红领巾"金话筒"、舞龙舞狮，是语言的魅力和舞动的艺术；足球、板球、乒乓球、羽毛球，是力量与艺术的结合；茶艺、3D等，是传统文化与现代科技的艺术融合的实践。艺术与审美，精彩纷呈，五彩缤纷，百花争艳。

艺术与审美领域的课程目标是以艺术教育为基础，培养学生的审美情趣，落实审美教育，推进特色品牌建设，促进名师成长。坚持以审美为核心的素养导向，艺术教育除了面向全体学生外，通过建立音乐、美术教学测评制度，实施期末考查、艺术节、毕业典礼全员参与式考核相结合的方式落实审美素养，使学生在"2+2+1"特长发展评价导向下发现美、感受美、创造美、展示美（见图1–7）。

美育——评价篇
小学生综合素质发展学分评价体系

学科	音乐（5分）			美术（5分）		
项目	课堂	唱歌	表现	课堂	绘画	手工
学分	1.0	2.0	2.0	1.0	2.0	2.0

基础课程评价

五项才艺（10分）	体育类（乐行跑步）：发现蛇口城市定向活动、参与证书	1.6
	艺术类（绘画）：南山区第十二届学校艺术节美术类作品二等奖	1.6
	其他类（科技创新）：第三十届深圳市青少年科技创新大赛科技发明项目二等奖	2.0
	乐器类（葫芦丝）：葫芦丝齐奏《军港金孔雀与竹楼》在2016新年音乐会中获优秀表演奖	2.0
	体育类（参加社团）：参加社团"阳光足球B"	0.8

"2+2+1"特长发展评价

图1–7　艺术与审美课程领域评价篇

四、运动与健康领域

体育与健康课程要落实到运动参与、运动技能、身体健康、心理健康及社会适应五个领域之中，主要包括体育分项课和丰富的体育特色课程。运动与健康课程工作室秉承以学生为主体、健康第一的理念，更好地激发学生的运动兴趣，培育学生团队的协作、集体的荣誉、拼搏的勇气、坚持的韧劲、运动的精神等核心素养，落实体育是第一德育理念。

特色课程有足球、板球、篮球、田径、游泳、毽球、乒乓球、羽毛球、跆拳道等。校足球队多次代表学校踢出区、市、省，踢出国门，孩子们在比赛中收获了友谊，建立了自信，传递了正能量。

五、数理与逻辑领域

以落实国家数学课程为基础开展数学教育，同时重点围绕责任担当、学会学习、科学精神、实践创新等开展拓展课程，落实责任担当、乐于学习的意识形成，学习方式方法选择，学习进程评估调控，学会问题解决和技术应用，培养学生的理性思维、批判思维能力和勇于探究的能力。

以"Flash单元整体融合"为理念的课程实施：我们以"Flash单元整体融合"为基本理念进行课程实施。"单元"是课程内容，也是教学单位，根据"单元"的要求选择教学内容实施教学。"整体"是"整个的一体"，也可以是"整合的一体"，在课程内容的组织上是"整个的一体"，在课程实施和评价的过程中是"整合的一体"。

F-ML课程以核心素养为融合点，把国家课程、数学文化拓展课程、数学游戏课程融合在一起，既包含课程内容的选择，又包含课程的实施与评价。课程架构按学期来进行分段，对课程目标进行细化和具体化。将每个学期的课程目标、课程实施、课程评价对应起来。坚持以核心素养为导向而非能力至上，以教师引导下的自我建构为主要学习方式，落实学科核心素养。

六、科技与创新领域

科技与创新关键是融创。整合科学教材，开发"做中学"——基于动手体验的常规科学action课程，面向未来的综合性智慧课程。主要研究探究性学习方式，激励和帮助学生成为主动的学习者，懂得合作和进行批判性思维，并学会提出问题和进行科学实验探究，在解决问题的过程中发展创新能力。

通过探索校本化的课程体系、创新的教学方式、学生核心素养评价和智慧管理，构成了学校的育人培养模式，这是本项目的重要价值体现。

七、未来学习研究领域

未来学习研究工作室与六大课程领域在信息技术方面达到全方位融合，在实施过程中实现跨文化、跨领域、跨学科、跨年级的融合，以主题教学为核心。以立德树人、核心素养、关键能力为统领，以"跨界"为基本路径，明晰课程整合的形态，将立德树人、核心素养、关键能力目标全面融合。基于课程整合策略的思维课堂建设形成以思维主导课程、统整课程的理念，建设生动思维课堂。在课题研究中，课程整合的设计与实施充分考虑学生身心发展的整体性和连续性，突破跨学科、跨学段的课程整合。

未来学习研究工作室重点探究跨界融合，打破学科界限，以自主课堂、生动课堂、高效课堂的研究为主方向，构建基于课程整合的思维课堂，提高课堂质效，提高学生的思维能力（见图1-8）。

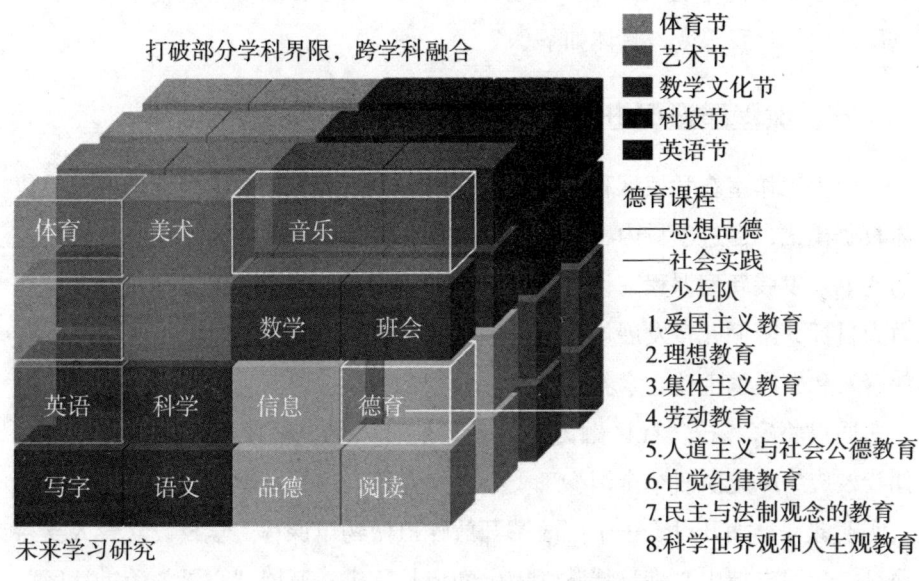

图1-8　未来学习研究的跨界与融合

未来教室的建设，运用无线交互式电脑、iPad等硬件，借助网络平台，统整课程资源，探索高效、便捷、多边互动的生动课堂，丰富课程整合策略。合作学习组的建设、思维导图教学、培育未来教师等，解决跨学科整合的课程设计模式，实现校本化"融"课程体系的建构。以专题研讨课、小课题研究、特色项目展专题研讨课，形成基于课程整合的生动课堂教学模式和系列案例并推广研究成果。

"融"课程的实践创新

育才学校构建的六大课程领域,给学校带来了创新变革,使学校从各个方面发生了自我蝶变,具体如下。

一、课程建设促进教研模式的变革

课程工作室在学校课程体系构建过程中,试图打破教学组、学科组的集体教研模式,促进学科内、学科间的融合,促进以"融"为特色的教研模式的变革,发展新型课程,设计特色课程,以发展学生核心素养和培养关键能力为目标,遵循儿童发展规律,构建了以"融"为特色的个性拓展课程,有效落实和发展学生核心素养。

通过将家、校、社区融为一体,形成育人场,队改与课改密切结合,如我校成为少先队改革全国少工委办公室直接联系示范学校。将六大行动纳入实践课程,如开设走进中国改革开放蛇口博物馆课程。学校设立育人支持项目,学习支持中心满足特殊学困生的成长需求;开展"心灵关爱进社区"心理健康活动,不仅教书育人、环境育人,更要在活动中育人、生活中育人(见图1-9)。

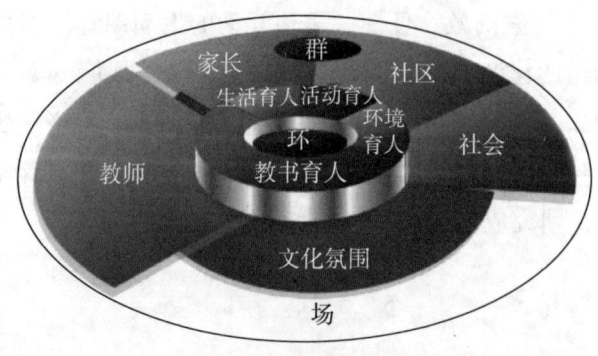

图1-9 育人文化场

二、课程建设促进评价体系的变革

学校课程体系建设促进了评价体系的变革,规范和引领了人才培养的方向。学生评价是学校教育评价的核心,以评价助推学校课程体系建设。育才学校核心素养评价系统从最初的档案袋评价1.0版,走向了网络版的核心素养发展评价体系4.0版,融合多种评价方式,逐步形成了系统、科学的评价体系(见图1-10)。

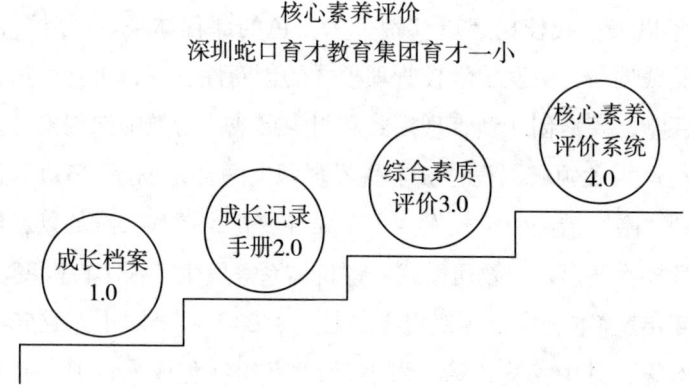

图1-10 核心素养评价体系探究历程

"融"课程的成效

2015年以来，我校构建以"融"为特色的课程体系。"融"课程体系的构建与实践创新，引发了学校管理模式的创新性变革，将立德树人融入课程、融入课堂，探索创新型管理模式和组织形式，为教师课程素养的发展开辟了新途径。六大领域课程打破学科界限深度融合，创建"6+1"课程工作室，一系列"融"措施使学校发生了革命性变化，课程实践的创新取得了丰硕成果，学校管理模式、教研模式、评价体系等发生了根本性改变。

近三年出版4本著作，区级以上课题研究23项，集团小课题50项，核心素养论文82篇，其中获奖13篇，发表7篇，获得特色成果12项，开发校本教材15部，14节优质课在区级以上展示或获奖，"儿童平针刺绣"成功立项深圳市"好课程"，在学校层面遴选12门好课程，引领示范学校课程的融合创新。学校成立名师荟，3位教师被评为区名师工作室主持人；2位教师被评为精英教师并去北部支教交流；4位教师开发了教师专业素养课程，在区里上继续教育课共7次，培训了200多名教师。学生参加活动的获奖率高达95%。各工作室异彩纷呈，教师主动开发与实施课程的意识明显增强，涌现了一批优秀教师。三年间共有10多所省内外的学校的教师到我校参观学习，社会效应明显增强，整体成绩斐然。

学校"融"课程体系的构建与实践创新，形成了六大领域课程的深度融合，课程体系建设是"小学大成"理念下的一种教育遵循。

三年来，成果应用影响到很多学校，到我校学习参观的学校共计有10多所，效果明显的如长春市南关区西五小学借鉴我校"融"课程体系经验，构造了特色课程体系，南山区南山二外（集团）海德学校借鉴我校学分评价系统和体育课分项的方式打造了自己的评价系统和体育特色课。

就学校本身而言，各个方面都发生了显著变化，学校管理实现智慧化、移动化，学习沟通无边界，各种平台和终端的运用更加便利，促进了学生智慧的学，学生的学习习惯、学习品格和学习能力显著增强，学习已成为学生的氧气。

　　反思学校课程体系构建与实践创新路径的探索，我们充分认识到学生的必备品格与关键能力的培养要落实到每个学段，需要遴选具有阶段性特征的核心素养。由于每个学校的办学传统各不相同，所以应做到因校制宜。学校要在课程体系建设的探索与实践中，结合本校的办学特色，开创性地实施课程，体现出目标的一致性与方法的多样性原则。

　　课程体系建设是达到教育目的的关键。我校构建以"融"为核心的课程体系，结合多年办学经验，以课程改革为抓手，开创出了一条特色鲜明、富有成效的创新型人才培养模式。

第二章 "融"课程的素养培养

"春联文化"教学中语文素养发展之探究

语文素养是指学生在语文方面表现出的比较稳定、最基本、适应时代发展要求的听、说、读、写能力以及在语文方面表现出来的文学、文章等学识修养和文风、情趣等人格修养。语文素养具有工具性和人文性统一的丰富内涵，包括文化传承与理解、思维发展与提升、语言构建与运用、审美鉴赏与创作四个方面，它是一种综合的文明素养，是个体融入社会、自我发展不可或缺的基本修养。

春联是华夏文学中的一朵奇葩，它语言美、声律美，需要作为特殊的文化遗产延续下来。为了培养学生对传统文化的热爱、对中国语言的热爱，我们班在寒假来临之际围绕"春联文化"开展了语文综合性学习，在持续一个多月的学习活动中，以其综合性、开放性、实践性、自主性等特征赋予了语文学习、语文教学新的生命力，有效地促进了学生语文素养的形成，具体做法与成效体现在以下几个方面。

一、文化传承与理解

为了让学生更好地了解春联的起源，课前布置学生通过各种途径（如上网，查阅书籍、报刊等方式）收集资料，了解春联的溯源。学生们阅读了大量的文字资料，有神话传说，有故事，有历史资料，从学生的汇报中看，学生分别从历史和传说两个角度对春联的来历和发展过程进行了研究。从《山海经》里知道了天帝派神将神荼、郁垒守卫鬼门的故事，人们把桃符挂在门的两边以驱灾压邪；到了唐朝，尉迟恭和秦叔宝主动为唐太宗守门驱邪，将画像贴在门上做门神；五代十国的后蜀国主孟昶在除夕写下第一副春联"新年纳余庆，佳节好长春"；宋代，春节贴春联已成为一种士族习俗，而到了明代以后，春联真正普及民间，用红纸书写，而且成为年俗之一。

在浩瀚的文字资料中收集所需，这个过程激发了学生的阅读兴趣，使学生对春联的来历和发展过程有了一个全面的了解，并丰富了知识，开阔了视野，也受到了传统文化的感染和熏陶，更好地理解和传承了中华优秀传统文化。

二、思维发展与提升

春联的内容很有特色，课前学生分小组深入社会收集春联，第一组学生走街串巷，收集了很多具有行业特色的春联，如校园春联："兢兢业业育桃李，勤勤恳恳做园丁"；建筑公司春联："万丈高楼平地起，千幢大厦手中兴"；邮电局春联："电波远送千里讯，鸿雁绿衣报好音"；图书馆春联："古今书籍凭君选，中外文章任你观"等，各行各业的特点显而易见。第二组学生走进农村，收集了很多具有农村特色的春联，如"门迎春夏秋冬福，户纳东西南北财""六畜兴旺，五谷丰登""人勤三春昌，地肥五谷丰""地春光好，农村气象新"等，浓郁的乡土风情让学生感受到不同的气息，也明白不同人用不同的春联表达自己不同的新年祝愿。

《新课程语文教学论》中提道："把语文课堂扩展为整个现实生活世界，把语文学习变为学生的真实生活，把以前彼此孤立的、缺乏生机的听、说、读、写环节，转变为学生充满活力的言语生命实践。"在第二阶段的学习中，学生走进社会，到居民区收集，走上街头记录，走进公司查看，走向农家询问。活动给了学生自由吸收养分的广阔空间，把学生引向了校外，融入社会大家庭，在生活中观察、提取、分享、总结，组员之间既有合作，也有互助，在交谈中也极好地锻炼了口才、胆量和自信，有效地促进了思维的发展和提升。

三、语言建构与运用

为了更好地体会春联的语言特色，在第三阶段的学习中，学生在课堂上对春联格式的特点进行了分析。春联的特点之一是平仄相对。这个知识点对于学生来说非常难懂，于是在教学中我把它编成口诀，如"一声二声我说平，三声四声他言仄。上联我用仄做尾，下联他以平来结"。这样对于学生来说就更好理解。春联的特点之二是内容表达吉庆的含义。学生课前统计了春联常用字，有春、新、福、年、平、安、福、顺、欢等，由此可以看出，春联的内容表达了人们的祝福、心愿和对美好生活的向往，用语一般轻松欢快、喜气洋洋，所以诵读春联，学生们会感到美好生活中充满幸福和希望。春联的特点之三就是对仗，即上下联字数相同，并且在相同的位置上，词性一致。春联的特点之四是韵律美，联句中有规律的停歇和韵律的变化，体现出和谐的节奏感和音乐美。

正是因为春联有这些特点，所以春联读起来抑扬顿挫、和谐动听，使学生在诵读中享受到语言的声律美，感受到祖国语言的无穷奥妙，可以更好地理解与运用祖国语言文字。

四、审美鉴赏与创作

春联也是书法作品的一种形式，可以用篆书、隶书、行书、楷书、草书去书写。不管是均衡瘦硬的楷体，还是笔画连绵的草体，或是"蚕头燕尾"的隶书都让学生们喜欢。在第四阶段的学习中，我们邀请了一位书法功底深厚的家长，该家长在课堂上给学生们普及了一些书法知识，并现场泼墨挥毫，用多种体式书写春联，赢得学生们阵阵热烈的掌声。接着还有几位有兴趣的学生在课堂上尝试书写春联，他们在互相切磋之际提升了书法水平，在课堂上体验了书法之美。

过春节时贴上自己创作的春联会更有意义。在第五阶段的学习中，引领学生进行春联创作。

环节一：根据春联的特点，把上联和下联连接起来，重新变成一副完整的春联。

环节二：春联讲究对仗，字数相同，词性相当，能否把这几副春联缺失的词补上，如一帆风顺年年好，万事如意（　　　）。

环节三：根据春联的特点，创作完整的春联。

学生创作春联有一定难度，让学生总体感知春联的特点后，设置了学习游戏，先连线找上、下联，再补充词语，最后试着创作属于自己的春联，游戏学习有梯度，由易到难，有挑战性又保护了学生的创作热情，这是一个将理论知识转变成学习能力、实践能力的过程，也是知识运用的过程。春联的创作能使学生在斟词酌句中增强运用语言文字的能力，这有助于学生思维能力、写作能力的提高，使学生的作文语言简练而又充满灵气。可见，春联的欣赏与创作，提升了学生的审美鉴赏水平，增强了学生运用语言文字的能力。

　　春联是一朵奇葩，芳香永在，春联之花在语文课堂绽放，有趣、实用，陶冶了学生的情操，启迪了学生的心智，锤炼了学生的语言，提高了学生的语文素养，让我们和学生一起捧起这颗艺术瑰宝，让它更加光彩夺目。

《典范英语》的学习重在理解

《典范英语》的学习到了三年级下学期，处于由简单接受到初级自主理解的过渡阶段，此时学生的能力已经完全满足了现阶段的学业要求。下一阶段的学习要求学生具有一定的理解能力。学生的心理诉求、情感需要也要求学生具有相对应的理解能力。处于过渡时期的三年级下学期，学生学习《典范英语》重在理解。

一、学生的学习现状要求强调理解

1. 三年级学生在上学期已经达到了模仿、朗读的要求

对学习《典范英语》的三年级学生的基本要求是能够熟练地模仿、朗读《典范英语》中的故事，明确教材中每个故事的内容，了解教材中单词的基本发音方式及发音规律。三年级下学期，大多数学生已经基本上能够在较短的时间内完成模仿，并且能在课堂上完成看图说话、语音游戏等活动，完成并达到《典范英语》对本年龄段、本学习层次学生的要求。

2. 模仿、朗读的次数具有边际效应

对于绝大多数学生来说，在所学习的新课中，出现了高频词，如wanted，went，said，flew and glowed等，高频句子，如The magic key was glowing. It was time to go home. What a car等，并且，所学的内容越来越多，这些高频词句、常见词句，学生见得多了，自然就接受得快。对于一篇生词不多的新课，多数学生模仿5次左右即能基本上明确了故事的内容。以三年级下学期的课程内容Lesson 24 *Village in the Snow*为例：该故事共有句子55句，图15篇，录音五分钟。模仿一次该课10分钟，模仿5次共计50分钟。对于这样的一课，学习计划是3~4个课时，每课时40分钟，共计学习120~140分钟。再加上学生的课前预习、课后作业时间，可以在时间上轻松达到模仿、朗读的要求。

对学生来说，模仿第一遍，能够了解全文，熟悉新课故事的内容。第二遍，能够明确故事里模仿的新点、难点。第三遍、第四遍，基本解决新词、新句的发音。第五遍，除了对个别新词、难点的发音不够流畅、不完全准确，基本上可以模仿并朗读全文，并能通过课堂上老师及同学的帮助解决问题。再之后，就会出现边际效用递减。机械的模仿会使学生失去耐心，继而失去对新课的兴趣。再想让学生达到更高要求存在很大的困难。这就要求在模仿、朗读之外，找到学生新的兴奋点、兴趣点。这一新的兴奋点可以通过对课文的理解来实现。

3. 既照顾到了班级的整体情况，又考虑了特殊个例

班级内有个别学生模仿能力较差，发音不准，可以通过合作学习的优势，把小组、教师的作用发挥出来。小组内合作，小组间竞争，在竞争中发现问题，在合作中解决问题，通过互相讨论，学快生帮助学困生，以及教师对小组共同难点的指导，最高效地掌握新课的内容。既不耽误整体的学习热情，又带动了学困生。

二、下一阶段的学习发展要求重在理解

三年级下学期《典范英语》的学习是从简单模仿到整体输入的一个过渡时期，下一阶段的学习要求有新的学习方式。

1. 教材内容形式的改变，决定本阶段学习要以理解为主

在下一阶段的学习中，图片减少，文字增多，在3系列中，每课的图片达到15幅左右，在学生明确故事内容的过程中，起了很大的作用。而在《典范英语》4、5系列，图片减少到个位数，甚至只有一两幅简单的简笔画。学生要更多地从文字中得到故事的内容。为避免学习能力的断档，要从三年级下学期就开始培养、增强学生的理解能力。

2. 教材内容难度的增加，决定本阶段学习要强调理解

下一阶段的学习，新词增加，一个故事中出现的新词数量达到30几个，从数量上看，已经达到了高中一个单元的生词数量。新词数量的增加，必然增加了解课文内容的难度，如果不能够猜测、理解故事的内容，不理解故事表达的含义，就会产生厌学的情绪。

3. 学生的能力要求及情感要求提高，决定本阶段学习要强调理解

如只通过模仿，无法达成学生的心理诉求，必然会导致学习兴趣下降。例如，教材中出现小孩子在快乐地玩耍，在一年级，学生会哈哈大笑；二年级，会要求模仿出现的游戏；三年级，则已经会发问：为什么英国的小孩儿有这么多玩的时间，他们都不学习吗？

4. 只有理解了故事的内容，才能最大限度地发挥教材的作用

只有理解了故事的内容才能吸收到故事里的教育意义、生活常识、风土人情、民生民俗，才达到了《典范英语》的要求，发挥了其作为原版教材的优势。

5. 英语作为语言，想表达，就必须先吸收

在初级阶段，学习英语靠的是模仿，之后就要靠理解。以两个三年级学生的对比案例来说明一下现阶段学习中理解的重要性。

案例一：李千里

基本情况：男，跟随外教学习口语超过两年，父亲系从澳大利亚回国，具有相当高的英语能力。

课堂表现：发言积极，具有极强的表达欲望，发音准确错误少，能够用单词及个别句子表达自己的想法。

案例二：郑荣乐

基本情况：女，未上过外教课，经常在母亲的指导下大量阅读简单的英语故事书，母亲为英语专业毕业，具有较好的英语能力。

课堂表现：发音准确、标准，表达能力强，能够经常用句子表达自己的想法。

从学习经历看，李千里上过两年多近三年的外教课，其父亲又具有很强的英语指导能力，从表面看，其优势要强于郑荣乐。但是从这两名学生的表现来看，郑荣乐的表现要优于李千里，主要原因是李千里从外教处获得语言经验，而郑荣乐获得语言输入的方式是阅读理解。通过阅读理解，她获得了更多的输入，因此能够更多地用连贯的思维方式，用句子（虽然是简单的句子）表达自己。由此可以看出，现阶段的学生已经拥有了很强的理解能力，并且现阶段的学习，强调理解能力是必要的。

三、增强学生理解能力的方法

对学生理解能力的培养方法是多发问、多回答,包括就课文的内容、细节,老师向学生提问,组内组员提问,组间提问,学生向老师提问等方式。鼓励学生思考、表达,一个问题可以有多个不同的答案,学生思考后有表达的欲望,表达又有利于促进思考,形成良性循环。鼓励学生多思考,除了能提高理解能力外还有一个好处是能够发现更多的故事细节,增强对故事的兴趣。

强调理解并不意味着放弃模仿,或将模仿置于无足轻重的位置。模仿是本,只是把模仿更多地放在了课后,在课堂上,以提升学生的学习动力和兴趣为主,用兴趣带动学习,让学生有动力、有兴趣在课后做好模仿并完成课后作业。

对短跑运动中专注力的探讨

一、培养短跑中注意力的重要性

在短跑训练中，教练员都非常重视力量和速度的训练。今天要探讨的是我在小学阶段的短跑训练中的一些体会和思考。那就是在短跑训练中除了注重力量和速度训练之外还得培养好运动员的专注力。

1. 短跑运动项目的规则要求

我们在短跑过程中出不得半点差错，起跑→加速跑→途中跑→冲刺跑每一个环节都得达到完美的程度才能算是发挥了自己最大的潜能。但人不是机器，不能保证每天都以饱满的精神状态投入到训练和比赛之中。这就要求教练员在平时的训练中想办法提高运动员的注意力，让运动员的精神状态始终在一个较高的水平状态。再有就是现在100米赛跑的规则是只有一次起跑机会，如果没有特别集中的注意力是很难做到那种"千钧一发"式的起跑的，一个不小心还会造成犯规而痛失比赛机会。世界百米纪录的保持者博尔特，在一次田径大赛中就因为抢跑而退出了比赛。

2.专注力与短跑运动生理特征的关系

记得刘翔的教练孙海平在他日常训练之中说过这样一段话：每次训练110米栏的全程跑有的运动员跑个四五次就感觉非常累，而刘翔每次跑七八次也不会感觉到累。这表明他在平常的训练中运动量比其他运动员要大，同时也能反映出他在跑的过程中能比其他运动员放松。孙海平的一句话最值得我们去思考，他说：在对刘翔的训练中排除一切外界的干扰，不断提高他的注意力来保证训练的强度。何为注意力？注意力能使人精神集中，在运动过程中放松自己，提高力的利用率和节约自己的运动能量。因此我们在短跑训练中不得不重视这方面的培养训练。

二、短跑中专注力的训练方法

在短跑运动的训练中我们经常会安排力量和速度的练习，在准备活动中多是安排跑的专门性练习。注意力的培养往往融入短跑的各种训练之中。只不过教练员在训练过程中要对运动员做特别的要求和跟踪。对做得不好或者没达到要求的运动员要进行及时的纠正。在一开始就把每一个细节抓好，当运动员养成了这种习惯之后，一切也就变成了自然。下面我根据多年来对短跑训练的体会，总结了几点短跑运动中提高专注力的有效练习方法。

（一）节奏训练法

1. 击掌训练

（1）原地摆臂：短跑对摆臂的要求非常高，在平时对摆臂做专门性训练时要求运动员站立（双脚前后开立重心稍前）或坐直在原地做摆臂训练；利用有节奏的击掌来训练运动员的摆臂节奏，同时运动员在练习过程中一定要集中注意力听教练员的掌声来摆动。当然在原地高抬腿、原地弓箭步的训练中也可以采用有声的节奏训练。

（2）行进间跑的专门性练习（小步跑、高抬腿）：要求运动员听掌声来进行，运动员从静止状态听到发令后立即进行，教练员在发令后立即击掌。根据运动员个人特征来决定节奏的快慢。

2. 等距训练

等距训练有跑台阶、跳台阶等。

我对2013届六年级田径队的学生做了一个测验（见表2-1）。从表格中的数据可以看出在掌声的刺激下运动员频率和抗疲劳度都会得到提高。由此可知，当运动员专注于声音的刺激时，他们的神经系统的反应更为灵敏，消耗的能量也会更少。

表2-1 2013届六年级田径队学生的测验

项目	50次以上	53次以上	8次后出现极限	10次后出现极限
15秒原地摆臂	11人	8人	4人	8人
15秒击掌原地摆臂	16人	11人	3人	7人
15秒高抬腿	9人	8人	6人	9人
15秒击掌高抬腿	13人	11人	4人	7人

（二）灵敏反应训练法

发展灵敏素质的游戏具有综合性、趣味性、竞争性的特点，也能引起练习者的极大兴趣，使人全力以赴地投入活动，既能使人集中注意力、积极思维、巧妙对付复杂多变的活动场面，又能锻炼提高神经系统的灵活性和反应过程，有利于提高短跑运动员的身体素质和运动技能。

主要训练手段：

（1）在跑、跳中迅速做改变方向的各种跑、躲闪、突然起动以及各种快速急停和迅速转体练习等。

（2）做专门设计的各种复杂多变的练习，如用"之"字跑、躲闪跑和立卧撑三项组成的综合性练习。

（3）以非常规姿势完成的练习，如侧向或倒退跳远、跳深等。

（4）改变完成动作的速度或速率的练习，如变换动作频率或逐步增加动作的频率。

（5）做各种变换方向的追逐性游戏和对各种信号做出应答反应的游戏等。

主要训练途径：

（1）单人练习：主要有弓箭步转体、立卧撑跳转体、前后滑跳、屈体跳、腾空飞脚、跳起转体、快速后退跑、快速折回跑等练习。

（2）双人练习：主要有躲闪摸肩、手触膝、过人、模仿跑、撞拐、巧用力等双人练习。

（三）视觉训练法

通过眼睛的观察让运动员去专注于一个物体时，可以改变在短跑运动中过于紧张和身体姿势不正确的情况，使运动员保持放松的状态和改善跑步的身体动作。

主要训练手段：

在50米、80米、100米跑的终点处放一个高2米左右的鲜明标志物，要求运动员进入途中跑时眼睛看着标志物一直到终点。这种训练让运动员在跑的途中头脑保持清醒状态，也会让那些经常低头跑或仰头跑的动动员改变自己的跑步姿势。

（四）感应训练法

在运动员进行身体素质训练时，尤其是对肌肉进行训练时，通过意念的感应来刺激身体的器官系统或者某块肌肉。

主要训练手段：

（1）呼吸训练。在放松过程中对运动员进行深呼吸训练。

（2）腰腹力训练。腰腹力量在短跑中起到连接与协调稳定的作用，是力量的传输通道。腰腹力量的作用在于有效地传输下肢的蹬地力量，带动肢体向前做水平运动。强有力的腰腹肌肉在以速度为主要取胜方式的短跑运动中越来越受重视。例如，在日常训练中运用俯卧抬上体、仰卧起坐、仰卧举腿等训练方法进行训练（对抗练习），15~20次/组，组间休息2分钟，休息期间采用静力性柔韧练习（立位体前屈、下桥等）。要求运动员在练习时把注意力集中在腹肌，这样会纠正运动员在疲劳后产生的不正确动作。

在短跑训练中，专业素质之间有着必然的联系，所以在重点培养运动员某种素质的过程中，教练员一定要和其他有关的素质能力统筹起来开展训练。平时要注重力量、耐力、速度及柔韧性等方面的专业素质训练，尤其是要求运动员在训练时集中精神，排除外界干扰，通过意识的灌输和一些专门性训练手段来不断提高运动员在训练中的专注力，这无形中也就提高了运动员的心理素质。把这些素质整合起来练习，最终能有效提高运动员的短跑成绩。

浅谈核心素养的"容"与"融"

中国学生发展核心素养研究成果正式落地,给一直奋斗在教育战线上的教师指明了未来教育教学的方向,回答了未来需要培养什么样的人的问题,树立了学生成长的"标杆"。中国学生核心素养一共分为人文底蕴、科学精神、学会学习、健康生活、责任担当、实践创新等六大素养和文化基础、自主发展、社会参与三个方面,具体细化为国家认同等18个基本要点,主要指学生应具备的、能够适应终身发展和社会发展需要的必备品格和关键能力。各素养之间相互联系、互相补充、相互促进,在不同情境中整体发挥作用。根据这一总体框架,可针对学生年龄特点进一步提出各学段学生的具体表现要求。

随着经济全球化和信息化时代的来临,面对更富挑战性的时代格局,为了保障学生更加健康幸福地生活,成功地应对未来挑战,教师对核心素养的理解就要愈加深入和透彻,要对核心素养的各个方面和要点进行相应的"容"与"融"。

学生发展核心素养是一个涵盖面很宽泛的蓝图,对教师的教提出了巨大的挑战。作为战斗在教育第一线的教师来说,我们应该怎样来理解和落实核心素养呢?

一、理解"容"与"融"

我认为,教师要以"容"的"肚量"来"消化"核心素养。

我们都知道核心素养涵盖面很广,对于教师来说,会不自觉地把文化基础作为一个主要的内容来理解和贯彻,因为无论是人文底蕴素养,还是科学精神素养在教育教学中都会涉及,并且会贯穿平时的教学。但是对自主发展和社会参与,教师们就会看得比较轻,甚至是忽略掉。随着社会的发展,现在看来这两个看似"不痛不痒、无关紧要"的方面也越发显得重要和迫切了。作为教师，我们要有"容"的"肚量"，用包容的眼光来将这几方面包容进我们的教育教学中，在以知识传授为主的课堂上，将个人自主发展和社会参与"消化"其中，着眼全局，从大处出发，最终实现六大素养的落实。

我认为，教师要以"融"的"手段"来"接驳"核心素养。

核心素养具体细化为国家认同等18个基本要点，分别属于不同的核心素养，看似"各自为政"，却又"息息相关"，对于这样的局面，就需要教师用"融"的"手段"来巧妙"接驳"，使各个要点既能具体实施，又能融会贯通。例如，当我们的人文底蕴素养积累到一定程度之后，科学精神素养也会同时提高，进而顺理成章地学会学习，不断进行着实践创新，从而学会责任担当、健康生活。

二、怎样去落实"容"与"融"

1. 将课程统整——容；打破学科界限——融

以往的学校课程都是按照学科进行相应的学科教学，学科界限非常明显。语文课一定是与文学有关的听、说、读、写，数学课一定是与计算有关的逻辑分析，体育课一定是与运动与关的跑、跳、蹦，虽然符合了教学要求，却让学生失去更多的乐趣。核心素养让教师们都有了课程"容"、学科"融"的紧迫感，不自觉地要将课程进行合并、统整，与具有共同的或共有的教育经验的不同学科的教师组成一个团队，制定相同的课程目标，认可教育过程中隐含的原则，如认识内在的价值、尊重真理和增进个人自主等。这种广泛的目标和原则成为课程的共性，成为共同教育的基础。因此教师在教学中有了共同的经验领域或共同的过程或原则，所以能在教育价值和原则的指引下，不断将各个课程进行整合、诠释和调试，将各学科融会贯通，制定共同学习目标、达成共同学习目的的教学内容，从而使教学多样化，适应不同的学校、教师和学生的个别需求。

2. 教师统整教学，学生知识获取渠道——容；同一教学内容，学生获取学科知识——融

统整教学之后，学生的学习时间就不再局限于课堂40分钟，获取知识的渠道也不再是教师讲授，而是通过网络、图书馆、媒体、请教老师和家人、亲身观察、感受等更多的渠道获取知识，学生能主动学习，获取知识解决问题，实现知识的大"容"量获取。

统整教学中用过程性评价取代阶段性评价，以学科融合的综合性学习取代单一学科的知识本位的传授和单一的能力训练，以发展、研究、合作三个标尺作为考试方案的依据，同时学生可以随时随地学习，把工夫花在课外，将传统性学习转化为研究性学习，实现多学科跨界融合。学生学习转化为研究性学习，对各学科学习内容知识都实现了"融"会贯通。

3. 完成跨界教学，无边界教学——有"容"乃大，"融"会贯通

教师打破学科界限，学习并参与其他学科教学，将本学科与其他学科统整，将国家课程、地方课程与校本课程整合贯通。

中国学生的发展核心素养出台后，教师们需要及时转变自己的教学理念，打开教学边界，走向开放的教育。教师应该打破学科界限，开拓学习时空，寻找、纳入、整合、建构、创生各类优质的课程资源，将生活与世界作为教科书，实现国家课程、地方课程与校本课程的整合贯通，充分发掘学生的潜能，开启学生的智慧，丰富学生的精神，让每一个学生都能获得成功的体验，成为拥有家国情怀、世界眼光、创新精神、实践能力的新教育时代人。

教师应该利用统整性国家课程和拓展性校本课程，其中，拓展性校本课程又可以分为必修性专设跨界课程和选修性社团活动课程。教师结合自己的学科进行目标明确的合作教学，但不论是哪一个课程板块教学，统整与跨界都是主要特征。

就以上对核心素养"容"与"融"的浅薄解读，我在自己的教学中做了一些尝试。去年我和我校全景平台iPad实验班的老师们完成了一个项目式学习任务"寒假生活科技小论文"。我们利用学校的全景平台系统，结合科学、语文、数学、英语、信息等多个学科的特点，设计并实施了寒假小论文的撰写活动。学生从自己的生活出发，选择自己感兴趣的论文小题目，有相应的老师进行远程和面对面的指导，使学生的学习从课内转换到课外，学习时间也变得机动灵活，同时学生学习到的知识容量也增大了，问的问题也非常"刁钻"，这对教师来说也是巨大的挑战。于是各学科的教师联合起来针对学生的问题进行整合分析，然后给出合理的解释与指导，教师们也就不自觉地实现了跨界整合，实现了知识"容"，学科"融"。

海纳百川，有"容"乃大，穷理之熟，"融"会贯通，教师对核心素养进行深入解读,将"容"、"融"的决心深刻贯彻进教育教学中,循序渐进地进行课程统整,实现教师之间的跨界、师生之间的跨界、家校之间的跨界、校内外的跨界、课程资源的跨界、国家课程与校本课程之间的跨界,我们任重而道远!

提高小学数学课前预习有效性的策略

有位教育家曾经说过:"预习是合理的抢跑。"学生一旦掌握了科学有效的预习方法,便能一开始就抢跑领先,这样就有助于形成学习的良性循环,使学习变为主动,学习效率就会大大提高。经过一年多的探索与实践,我们课题组认为要想提高预习的有效性,应该从以下几个方面入手。

一、加强预习方法的指导

方法是解决问题的重要策略,一个人掌握了学习的方法,就如同掌握了打开知识宝库的"金钥匙",就能独立地向新认识领域进军,也才有可能攀上知识的顶峰。所以,要想让学生具有预习的本领,作为教师就要重视预习方法的指导。课题组成员在实际教学中运用"六步预习法"指导学生预习,收到了较好的效果。

一读:要求学生通读教材,了解将要学习的内容,读懂情境或例题中的数学信息、解题思路、解题方法、重要结论,从整体上把握新知,沟通新旧知识的联系。

二画:要求学生把教材中关键的数学信息、重要的数学结论画上记号,把不懂的问题做上标注。

三思:思考情境或例题中提出的问题,理解它的解题思路和方法,尝试提出新的解题思路和方法,并验证方法是否正确。

四查:利用网络或书籍查找并了解与本内容相关的知识,增加对将要学习的知识的认识,积累更多的知识经验。

五做:要求学生尝试完成课后练习中的指定习题,以便于他们检验自己的预习效果,发现自己的不足之处,也有利于教师了解学生预习的基本情况,发现容易出现的问题,及时制定科学合理的教学预案,灵活调整教学的关注点。

六问：要求学生在预习后提出自己的问题，所提问题可以是在"读、画、思、查、做"的过程中遇到的困惑，也可以是由预习内容所引发的疑问，使学生感知问题的存在，逐步形成问题意识。

二、重视预习作业的设计

预习作业的设计不能简单理解成预习课本第几页，完成几道练习，而是教师在钻研教材、分析学生原有认知水平和兴趣需求的基础上，有针对性地设计出来的科学合理的预习提纲。在设计预习作业时应该遵循以下几个原则。

1. 指导性原则

学生认为预习作业就是看书，做做课后的练习，并没有投入太多的思考，光知其然而不知其所以然，因此设计的预习作业应该具有一定的指导性，以便引导学生思考新旧知识之间的联系，弄清新知识的来龙去脉。例如，设计后的五年级上册《平行四边形的面积》的预习作业：①认真阅读课本第53页的内容。②用纸剪一个平行四边形，想一想它的面积与我们之前学过的什么图形的面积可能有关。我们知道长方形的面积等于长×宽，那平行四边形的面积会不会也等于长×宽呢？③请你想办法把平行四边形变成长方形，想一想转换后的长方形的长和宽与原来平行四边形的底和高之间有什么关系。④请你写出平行四边形的面积计算公式，并把推导的过程讲给自己的家长听。⑤尝试完成课本第54页"试一试"中的练习题。⑥在预习的过程中，你有什么疑问和问题。

2. 操作性原则

要想让学生更好地完成预习作业，提高预习效果，就一定要注意预习作业的可操作性，让学生拿到预习作业后就知道要做什么、怎样做，学生只有清楚了预习的目的和方法，才能达到预期的预习效果。例如，设计后的四年级上册《线的认识》的预习作业：①认真阅读课本第16、17页。②在本子上画一条线段，想一想线段有什么特征。怎样才能得到一条射线呢？试着画一条射线。怎样能得到一条直线？试着画一条直线。③线段、射线、直线相比较，有什么不同？把它说给自己的家长听。④尝试做一做课本第17页"试一试"中的实验，并记录你的发现。⑤在预习的过程中，你有什么疑问和问题。

3. 层次性原则

因为是预习，所以学生并不了解新知，如果预习问题过于难，他们可能会退缩和放弃，如果预习问题过于简单，他们会觉得没有挑战性，丧失兴趣。因此在设计预习作业时，应当呈现出一定的梯度，充分考虑学生已有的知识经验，有层次地设计预习的问题，这样可以充分调动学生的积极性，大大提高预习的期望值。例如，设计后的三年级下册《认识分数》的预习作业：①认真阅读课本第53、54页。②有4个苹果、2瓶矿泉水、1个比萨，平均分给淘气和笑笑两个小朋友，应该怎么分？每人分得多少呢？③请你分别准备一张长方形、正方形、圆形的白纸，通过折一折、涂一涂，表示出这张纸的二分之一。④用同样的办法，请你表示出这张纸的四分之一、四分之二、四分之三、四分之四。⑤用这样一张纸，你还能表示出几分之几呢？把你的作品展示给自己的家长看。⑥尝试说一说课本第54页"说一说"中每个分数的意思。⑦在预习的过程中，你有什么疑问和问题。

三、落实预习效果的评价

对学生的预习作业进行积极评价有利于促进学生预习习惯的养成，提高预习的有效性。课题组成员一直采用学生、家长、教师三者相结合的评价方式，收到了较好的效果。具体评价方式如下。

1. 家长评价

家长作为学生的第一任老师，如果能及时评价学生的预习作业，对培养他们良好的预习习惯，提高预习的效果，有着潜移默化的作用，同时也能及时了解他们的预习能力和学习情况，便于家长及时、有针对性地与教师取得联系，共同制定对策帮助其提高。

2. 教师评价

教师作为预习作业的设计者，很有必要了解学生完成预习作业的情况，这样能及时找准学生存在的问题，便于及时调整教学预案，使教学过程更加具有针对性。

3. 小组长评价

小组长是教师从事教学活动的得力帮手，他们的评价对于学生来说有着积极的促进作用。当每节新课上完后，安排小组长组织本组成员在组内对预习作业进行互相评价，一来可以使他们互相借鉴优秀做法，二来可以使他们互相检查课堂记录，三来可以提高下次预习作业的完成质量（见表2-2）。

表2-2　预习效果评价表

评价内容 \ 评价人	家长	教师	小组长
完成情况			
存在问题			
总评（A、B、C、D）			

　　课堂是教师的主阵地，也是学生交流学习的场所。充分的课前预习，会让学生的学习更从容，会让教师的课堂迸发出令人激动的精彩瞬间。一位名师说过："一堂好课，如一首交响乐，总要讲究旋律、节奏、音响的和谐。"而预习就是这首交响乐的前奏。因此，提高课堂教学的有效性，必须重视预习并教会学生预习。只要我们踏实做好学生课前预习中的每一个环节，把预习的作用发挥到极致，就能让我们的课堂生动起来、高效起来。

小学低年级写话能力培养初探

培养小学低年级学生的写话能力，在整个语文写作教学中起着奠基的作用。新课标明确指出："小学低年级学生要对写话有兴趣，写自己想说的话，写想象中的事物，写出自己对周围事物的认识和感想。"低年级写作应放低要求，注意激发学生兴趣，注意写话方法的引导，这样才能让学生敢写、乐写，从而会写。

一、活用教材，架设写话的桥梁

皮亚杰说："对于孩子来说，从他一来到这个世界上的一举一动，无不以模仿为基础，正是这种模仿构成日后形成思维的准备。"我们的阅读教材都是一篇篇精美典范的习作例文，形象的描写、准确的表达、恰当的遣词造句，都为学生学习语言、运用语言提供了范例。在教学中，我们要多引导学生进行仿写练习。对于从未写过话的低年级学生来说，仿写要循序渐进，由易到难，从句到段，先说后写，注重方法的指导。

1. 佳句仿写

佳句自然是教材中比较形象、优美的句子，包括带关联词语的句子、比喻句、拟人句等。仿写句子，不仅能训练学生写出生动的句子，还能训练学生对标点符号的使用能力。一年级上学期可以训练学生说完整的话，下学期就可以仿写一些句子了。

例如，部编版一年级下册语文教材《端午粽》中有这样一句话："外婆一掀开锅盖，煮熟的粽子就飘出一股清香来。"这句话用了关联词语"一……就……"，可以引导学生先用这一关联词说一句话，再把句子写下来，指导学生对逗号、句号的认识和书写。对于低年级学生来说，说和写要紧密结合，不让学生说就直接写，可能会给学生带来畏难情绪；但如果只说不写,学生对汉字书写、标点的使用又掌握不扎实。

再如《荷叶圆圆》一课中,"荷叶圆圆的,绿绿的"这句话用了两个叠词,既生动又富有韵律,可以给出句型让学生仿写:"水珠(　　　)的,(　　　)的。""_____(　　　)的,(　　　)的。"

先写短句子,慢慢过渡到长句子。再以《端午粽》为例,文中有一个长句:"粽子是用青青的箬竹叶包的,里面裹着白白的糯米,中间有一颗红红的枣。"这个长句描写的是红枣粽的特征,按照由外到内的顺序来写,并且运用了一些方位词"里面、中间"。我先引导学生发现这句话的特点,然后问学生:"你还吃过什么馅儿的粽子?能用这样的句式描述一下粽子的样子吗?"学生纷纷举手,描述得非常到位。有的说:"鲜肉粽是用青青的箬竹叶包的,里面裹着放了酱油的糯米,中间裹着一块香喷喷的猪肉。"有的说:"豆沙粽是用青青的箬竹叶包的,里面裹着白白的糯米,中间有甜甜的红豆沙。"……这时候,再让学生写下来就水到渠成。当然,低年级学生很多汉字不会写,只能用拼音代替。

2. 佳段仿写

佳段是指课文中最有特色、最适合语言训练的段落。模仿佳段,不仅能加深对佳段的理解,而且能有效培养学生的写话能力。

例如,一年级下册《四个太阳》一课,前四个自然段句式相似,可以设计这样的写话训练:"你想画一个什么样的太阳,送给谁?模仿前四个自然段,写一段话。"写之前要让学生观察这些段落标点符号的特点。学生写出来的段落很精彩:"我画了个彩色的太阳,送给春天。阳光照耀到小花上,小花绽开五颜六色的笑脸。""我画了个粉红色的太阳,送给妹妹。妹妹的蝴蝶结和裙子被染成了粉红色,像公主一样美。"

再如《荷叶圆圆》一课,也是2~5自然段结构相同,都是运用拟人的手法,先写事物或者小动物说的话:"荷叶是我的_____。"然后写小动物的动作。这里涉及的标点有冒号、前引号、后引号。要先让学生掌握标点的用法,然后让学生想象:"还有什么小动物把荷叶当作什么?"先说后写。

二、仿写经典,激发写话的兴趣

光靠课本是学不好语文的,也是写不好话的。学生只有多诵读、多阅读,才能形成良好的语感,写话时就能自然而然地表达出来了。

《弟子规》《三字经》这些古代经典句式短小、富有节奏感和韵律美，对学生有一种文化的折服力，学生虽然不明白其中的深意，却能读得很虔诚。相比之下，广西师范大学出版社出版的《日有所诵》中的儿歌和童谣、儿童诗，更贴近学生生活，他们常常读得兴高采烈、神采飞扬。

在熟读成诵的基础上，可以让学生仿写。例如，深圳市育才学校一年级的小宇同学就模仿《日有所诵》，一连创造了几首童谣，下面是其中一首：

蜘蛛

一只蜘蛛在爬墙，

两只蜘蛛在爬墙，

三只蜘蛛在爬墙，

无数只蜘蛛在爬墙，

它们在干啥？

原来蜘蛛在开会。

虽然写得很稚嫩，但这就是创作的开始。

在仿写的基础上，可以引导学生创作"诗配画"，还可以让学生为书中的小诗配插图。当然，这些最好都在学校利用阅读时间完成，不要给学生增加额外的课外负担。如果写话变成了一种压力、一种负担，学生体会不到写话的轻松和乐趣，也就失去了我们训练的初衷。

三、巧借绘本，拓展写话的素材

对于低年级学生来说，绘本图文并茂，适合他们阅读。每天学生到校后到上课前的半小时里，可以让学生阅读班级图书角的书；每节语文课前三分钟可以齐读古诗。一年级上学期可以鼓励家长参与亲子共读活动，每天讲一个故事给学生听，学生可以边看书边听家长讲。下学期开始，可以鼓励学生每天讲图多字少的故事书给家长听，每天至少2页，可以看着书上的文字讲，也可以先自己猜测画面含义，练习表达。

当绘本阅读让学生产生期待时，可以安排每周一节师生共读绘本的课。教师引导学生在一本本绘本中想象着故事中和故事外的故事，联想它的前因后果和人物的心理活动、语言等，并书写在图画的旁边，把一幅幅图画编写成一个完整的、连贯的故事。对于低年级学生来说，教师可以设计阅读单，用完形填空的方式让学生写话，这样可以降低写话初期的难度。

例如，绘本《猜猜我有多爱你》，可以设计如下几个问题来引导学生写话："大兔子可能为小兔子做过什么？"教师出示阅读单，让学生填空：

小兔子饿了，

大兔子＿＿＿＿＿＿＿＿＿＿＿＿＿＿＿＿＿＿＿＿＿＿；

小兔子生病了，

大兔子＿＿＿＿＿＿＿＿＿＿＿＿＿＿＿＿＿＿＿＿＿＿；

小兔子＿＿＿＿＿＿＿＿＿＿＿＿＿＿＿＿＿＿＿＿＿＿，

大兔子＿＿＿＿＿＿＿＿＿＿＿＿＿＿＿＿＿＿＿＿＿＿。

还可以出示情境，让学生想象："就这样，小兔子和大兔子说着说着，来到了山脚下，看到了一幅很美的图画。"然后出示阅读单让学生补充完整。

小兔子喊起来："＿＿＿＿＿＿有多＿＿＿＿＿＿，我就有多爱你。"

"＿＿＿＿＿＿有多＿＿＿＿＿＿，我就有多爱你。"大兔子说。

"我爱你，一直到＿＿＿＿＿＿＿＿＿＿＿"小兔子又笑着叫起来。

"我爱你，一直到＿＿＿＿＿＿，再＿＿＿＿＿＿。"大兔子也笑着说。

低年级学生识字少，会写的字也少，设计这样的完形填空，学生会更容易接受。

四、出示资料，教授写话的方法

在教学中，可以出示一些最有童趣的图片、动画、视频等资料，让学生观察、写话。学生们观察后总是兴奋不已，急于表达，但是他们往往抓不住要点，容易被一些无关紧要的事物所吸引，或者漫无目的、毫无顺序地观察，这就需要教师教给学生观察和想象的具体方法。

例如，出示《秋天到了》这幅描景图。这幅图画的是郊外，景色很美，有山有水，有麦田，有花草树木，四个小朋友在郊外游玩。教师可以做以下指导：①整体观察。教师出示填空：图上画的有＿＿＿＿＿＿，给你留下总的印象是＿＿＿＿＿＿。②按照一定的顺序进行观察想象。训练学生按从上到下、由远及近的顺序观察。引导学生先看远处的蓝天、白云、高山，再看房屋、麦田，最后看近处的树木、水池、小朋友，逐步引导学生发现这些景物、人物的特点，指导学生书写时用上一些表示颜色的词，用上一些比喻、拟人句。

五、随时写话，展示写话的成果

在学生体验到写话带来的快乐后，教师可以鼓励学生随时记录自己在生活和学习中的酸甜苦辣、精彩瞬间，可以当成日记来写，多写、多创作，把书面表达当成自己的情感寄托。长期坚持，让写话形成习惯。

也可以引导学生阅读整本书，如《一年级鲜事多》《我和小姐姐克拉拉》等。这两本书描写的是发生在学校、家庭的小事，贴近学生生活。教师要引导学生发现：原来日常生活中的每件小事都可以写成文章，原来写作并不难。这时候可以让学生说一说、写一写自己班级和学校发生的趣事，并用A4纸订一本小书，每周写一篇，篇幅不限，并可以像书中一样，为自己的小文配上插图。学生创作的小书各式各样、精美无比，尤其是因为作者是自己，都很有自豪感和成就感。

教师还要收集学生平时写下来的好句子，在班级板报栏张贴出来，或者整理成刊。学生们看到自己的成果被展示出来，兴奋不已，家长也纷纷为学生点赞。

经过以上训练，学生的写话能力提高了，写话时总能出现灵动的语句，如"小蝌蚪游啊游，它们看见一只螃蟹鼓着大肚皮在岸上晒太阳，连忙游过去。""仓鼠大多时候懒洋洋的，躺在自己的家里呼呼大睡。"

综上所述，低年级学生识字量、写字量少，刚接触写话，教师引导时要有方法、有耐心，循序渐进，不急不躁。精心设计多种训练，激活学生的思维，搭建写话的平台，使学生有东西可写，实现敢写、会写、愿写、乐写的目标。

小学低年级英语阅读素养的培养

英语教育教学正在经历着一场根本、深刻的变革。从被看作是交流工具，到成为语言信息的承载工具，在核心素养背景下，英语学科肩负着立德树人、培养全面发展的人的使命。

基于学科特点，英语学科素养直指语言能力、文化品格、思维品质和学习能力四个方面。作为语言学习中最频繁的活动，阅读是学生接触外语信息、提高语言运用能力的重要方式。大量的阅读有助于学生的英语学习，如扩大词汇量、提高写作水平、培养和增强对语言的感知力即语感、开阔眼界和增加对异国文化的理解等，教育的目的之一是让在越来越多元化的社会中成长起来的孩子学会阅读。

早期的英语阅读研究主要关注阅读过程及过程中所需的能力，即阅读能力。这些研究指出，"阅读主要涉及解码和理解文本所涉及的个体心理过程"，因此将阅读能力朴素地界定为解码和理解。现在的英语阅读研究更加关注阅读的复杂性，强调阅读的社会属性，即阅读能力以外的、影响阅读能力发展的社会文化因素。20世纪90年代，人们提出了"阅读素养"（reading literacy）的概念，认为阅读活动不仅需要读者具有解码和理解能力，还需要读者具备实现阅读活动的社会价值、支撑阅读能力持续发展的素养，如阅读动机、阅读兴趣、阅读态度等要素。培养成功的阅读者涉及五个关键部分：音速意识、自然拼读、阅读的流畅度、词汇的掌握、阅读理解策略。敖娜仁图雅基于阅读素养等于阅读能力加阅读品格的理解，界定了英语阅读素养的九个构成要素：英语文本概念、英语音素意识、英语拼读能力、英语阅读流畅度、英语阅读技巧与策略、英语语言知识、英语国家社会文化背景知识、英语阅读习惯与英语阅读体验。

千里之行，始于足下。对于低年级学生来说，英语启蒙学习至关重要，英语阅读素养中英语文本概念、英语音素意识、英语拼读能力、英语阅读习惯与英语阅读体验的培养应为重中之重。基于文献研究，结合教学实际，本文分析了小学低年级的英语阅读素养培养方式。

一、英语文本概念的培养

首先，引导学生形成英语书本的概念，指导他们认识书的各个部分及其功能，并在文字和图片之间建立关联，明白绘本中意义的载体是文字而非插图；建立英语书本方向概念，能够熟练地拿书、翻页，学会从哪里开始读，并学会从左到右、从上到下的阅读；建立英语标点符号概念，识别单词和单词之间的空格；帮助他们建立英语字母单词概念，识别认读所有大小写字母。

例如，阅读英语绘本时，我们可以带领学生了解有关绘本的基本信息，如封皮、扉页、封底、标题、作者、插图作者、出版社等，读一读封底的核心字母音。在学生刚开始接触英语绘本时，我们要有意识地引导学生进行相关训练。经过一段时间的引导与训练后，学生可以在拿到一本读物后，轻松找到绘本的相关信息，这些方法能够帮助学生快速且顺利地选择自己喜爱的书籍。

二、英语音素意识的培养

音素意识是关注并熟练运用口语词汇中音素的能力，简而言之，它是一种针对音的认知，是关于听辨、思考、使用单词中的每一音（单词中的每一个音称为phoneme，即音素）的意识。随着学习的展开，学生在学习中会逐渐意识到单词是由音素组成的，理解单词就是用不同的音素像搭积木一样搭出来的。既然是搭积木，那还可以搭好了再拆开来（Decoding音的分解），拆了又搭出来（Blending）。National Reading Panel的研究发现表明，音素意识是阅读的前提，也是阅读的一个预测指标。由此可见，培养音素意识的活动对于初期英语能力的培养有非常积极的作用。

在低年级英语教学中，无论是音素识别、首尾音混合、音素混合，还是音素删除、音素分割、音素添加或音素替换，这些音素意识训练的活动非常重要，因为它们直接涉及阅读和单词拼写。在教学中，我们一般通过以下方法进行音素意识的培养。

1. 音素拼合活动

例如，让同一个音连续在不同单词中出现；利用CVC单词等短单词进行教学和练习；尽可能使用图片，帮助学生建立声音和图片的连接。

2. 音素分离活动

围绕一个音开展教学，让学生专注一个音或一种拼写方式，如教师边说pop的三个音，边拍三次手，一次拍手代表一个音素；边说peach边拍手三次，这样学生可以看到含有3个字母的单词有3个音，含有5个字母的单词也可能有3个音，这样可以加强他们对音素的进一步理解。

3. 音素孤立活动

这个活动可以呈现或巩固某个单个音素，如教师先说chicken，然后问学生：What's the first sound? 同时出示大拇指提示学生需要回答的是第一个音。

4. 音素替换活动

替换某个音素，单词意思改变，这种活动可以让学生清楚音素的变化也会改变单词的意思。活动中，音由教师或学生口头说出，形用单词词卡拼写呈现，意由图片呈现，实现单词的音、形、意对应。

三、英语拼读能力的培养

英语是拼音文字，单词的整个发音基于单词中每个音的组合。正如Wiley Blevins在*Phonics from A to Z: A Practical Guide*这本书中提到的："Approximately 84% of English words are phonetically regular." 即大约84%的英语单词语音上是有规律的。找到语言的规律是语言学习的钥匙，自然拼读法即是这把钥匙。但是英语学习不是孤立的单词拼读。作为教师，如何将自然拼读法与英语绘本教学结合，教会学生掌握英语的拼读规律，掌握字母及字母组合与其发音的匹配，建立字母与字母自然发音之间的直接联系，进而培养学生认读英语单词的能力，促进阅读能力发展？

Phonics被翻译为自然拼读法，利用字母及字母组合与其发音的匹配，建立字母与字母自然发音之间的直接联系，培养学生认读英语单词的能力，进而促进阅读能力发展。掌握Phonics这项阅读必备的技能，理论上说，对80%的英语单词能够"见词会读，听音会写"。因此，Phonics就是开启英语阅读大门的钥匙。

工欲善其事，必先利其器。要开展好低年级英语拼读教学，我挑选了《典范英语》《外研社丽声拼读故事会》和BBC出版的拼读动画片 *Alphablocks*作为教材。这些资料具有清晰完整且循序渐进的拼读知识体系，融故事性和趣味性为一体，分级清楚，每本书字数适中，音频发音地道、标准、生动，深受学生喜爱。

在《典范英语》绘本教学中，教学环节添加了拼读练习环节：Warm up → Lead-in → Story telling → Listening and Imitating → Reading Dramatically → Practising Phonics → Chant / Role-play → Homework，在这个过程中，我把自己定义为组织者、引导者、示范者。在我的引导下，学生逐步发现拼读规律，感知拼读规律，运用拼读规律。在课堂拼读教学活动方面，我设计了字母卡认读、单词拼读、单词合成、单词归类、单词拆分、听音辨音、听音纠错、听音写词、看图写词、单词拼写、儿歌、游戏、绕口令、表演等环节。从音到形，再到音形结合；从单个到组合，由易至难；从普遍到特殊，由此及彼；从见词能读到听词能写，结合绘本的语境，科学学习英语。

四、英语阅读品格的培养

对于核心素养中提到的"学会学习"，小学阶段应更多地关注"乐学善学"：有积极的学习态度和浓厚的学习兴趣；有良好的学习习惯；能自主学习，注重合作。英语阅读习惯既包括外显性的英语阅读方式、英语阅读量、英语阅读频率、英语阅读时长等，也包括内隐性的阅读体验，如阅读态度（对阅读作用的理解）、阅读兴趣和自我评估。总的来说，阅读品格是阅读素养持续健康发展的重要基础，是阅读教学的终极目标。

在英语阅读品格培养方面，每周我会至少开展两个小时的英语故事阅读和拼读教学，以有趣、生动、地道的英语故事为沃土，带领学生在英语的世界里徜徉。以绘本和拼读为切入点，学生的入门难度降低了，对英语学习充满期盼。通过听故事录音、情境提问、制造悬疑、再讲故事，学生确定自我猜想，增强成就感；学生继续自主读故事，发现故事结局，获得满足感；同伴交流，分享故事，收获友谊。此外，图片环游、持续默读、拼读预读、故事地图、表演故事等活动能够充分激发学生的阅读兴趣，并帮助学生保持阅读兴趣，让学生在阅读中开阔视野，丰富感受体验，体会阅读的有趣和意义。

作为新时代的一线英语教师，我始终认为阅读是本，因此我在教学中致力于培养学生的阅读素养，帮助学生对印刷品（Print Concepts）建立初步的概念，形成初步的音素意识，至此学生开始学习Phonics。依靠Phonics技能进行大量阅读，进而扩大Vocabulary（词汇量）和提高Fluency（阅读流利性），最后提高Comprehension（阅读理解力）。在这个过程中，学生英语阅读品格形成，英语阅读素养也逐渐形成，为之后的英语学习奠定了基础。

在文本教学中培养学生英语核心素养的实践和思考

一、引言

《中国学生发展核心素养》总体框架指出，核心素养是指学生应具备能适应终身发展和社会发展需要的必备品格和关键能力。高中英语课程标准提出：英语学科的核心素养主要包括语言能力、文化品格、思维品质和学习能力四个方面。语言能力指在社会情境中借助语言来理解和表达意义的能力；文化品格指对中外文化的理解和对优秀文化的认知；思维品质指人的思维个性特征，反映其在思维的逻辑性、批判性、创造性等方面所表现的水平和特点；学习能力则指学生主动拓宽学习渠道，积极调适学习策略，努力提升学习效率的意识、品质和潜能。下面以我校英语科组与IB国际班共同研讨的一节教研课（上教牛津深圳版5A Module 2 Unit 5 Friends Period 1）为例，谈谈如何在课堂中培养小学生的英语学科核心素养。

二、研读教材，挖掘文化内涵

语言与文化密不可分，语言有着丰富的文化内涵。英语学习中有许多跨文化交际的因素，也包括许多富有人文素养的内涵。通过英语学习，学生能了解一个国家或民族的历史、地理、思维方式、价值观念等。上教牛津深圳版教材每学年都设有介绍中西方国家传统节日的单元，给学生开启了了解中西方文化习俗和社会生活的窗口。此外，在一些文本中，还蕴含了多元文化的价值观，但这往往需要教师进行认真研读、细心挖掘，在教学中对学生加以引导。例如，本单元的话题是Friends，在前面几个学期的同一个模块中，已从不同的角度进行了学习，如1A Unit 6介绍朋友的外表，2A Unit 6对比介绍自己和朋友的外表，3A Unit 6介绍自己和朋友的五官，4A Unit 5描述朋友的外表、穿着、能力等，这些都是描述友情的，随着年级的递增，语言知识呈现螺旋式上升。本课的核心文本是Kitty和Alice两个好朋友之间的相似之处。初读教材，教师认为本课仍然是谈论小朋友之间的友情，只是相应地增加了语言知识的量和运用要求。但经过仔细反复研读，教师发现在辅助文本Listen and enjoy部分呈现了Alice和她的动物朋友puppy之间的友情。在现实生活中，宠物在西方家庭的地位是很重要的，许多家庭都有宠物，它们甚至是家庭成员之一。如今越来越多的中国家庭也开始饲养宠物，人与动物之间的关系也越来越好。本课的两个文本就涵盖了这样的人文理念，朋友的含义是多元的。因此，教师从朋友的类型开始设计教学，以三个朋友（学习朋友、工作朋友、动物朋友）为主线，设计猜朋友的活动，通过精读、泛读、听唱的方式，在语篇的学习中拓宽学生的思维，提升情感，使学生认识到朋友可以有很多种，人类、动物、书籍可以做我们的朋友，伟人可以是我们的人生之友，肤色和爱好不同的人也可以成为朋友，进而点明主题：友谊让世界更美好。这个话题的学习，渗透了多元文化的意识，增进了学生对不同文化的理解。（附文本如下）

核心文本：Listen and say

We both like sport.

Kitty：I'm Kitty. I have a friend. Her name's Alice. She's clever. We're in the same class.

Kitty：We both like sport. I like playing table tennis and Alice likes playing volleyball. We both love animals. I have a cat and Alice has a dog.

Kitty：We both like helping people. We sometimes help old people cross the street. We also help them carry heavy bags.

Kitty：We like each other. We're good friends.

辅助文本：Listen and enjoy

I have a friend.

She's very small.

I always talk to her.

But she doesn't talk at all.

I have a friend.

We both like to play.

We go to the park.

Almost every day.

三、创设真实语境，落实语言能力

陈艳君、刘德军提出，英语学科核心素养中的语言能力是指借助语言以听、说、读、写等方式理解和表达意义的能力，是核心素养中的核心能力。语言能力要求学习者可以整合这些语言技能并经由语境与语篇等传递意义，进行人际交流。在相对真实完整的语境中学习语言，有利于学生更好地掌握语言的形式、意义和用法。本课的核心文本和辅助文本是完全独立的，彼此没有任何连接，情境性不强。为此，在充分研读教材的基础上，教师设计了这样一系列活动：

活动1：学生进行头脑风暴，谈论自己朋友的情况，复习旧知，引出新知。例如，Who's your friend? Is she / he tall / a student? How does she / he come to school? What does he / she like doing? What class is she / he in? What does he / she want to be? What do you think of her / him? etc.由于谈论的话题是真实的，所以学生有许多话可说，较快地融入了课堂语言情境。

活动2：看剪影，听语篇，猜测老师的第一个朋友，引出核心文本。由于这是课本上的语篇，因此教师设计了用听的方式进行整体呈现，结合剪影带来的一些神秘感，学生带着问题饶有兴味地听语篇，很快猜到是Kitty，自然而然地进入文本的学习。通过精读核心文本，学生在语篇情境中学习和操练了the same...和both等语言难点，较好地理解和掌握了这些语言形式（见图2-1）。

```
She is a girl. She has long hair. She is thin.
She has a pair of glasses.
She likes pink. She has some pink T-shirts.
She likes playing table tennis.
She likes playing the guitar.
She often helps me teach English.
She wants to be a doctor.

Friend 1
```

图2-1 Friend 1

活动3：看剪影，读语篇，猜测第二个朋友。教师提供的这个语篇描述的是学生们熟悉的班主任老师，文中再现了the same school，both等核心语言点，让学生在泛读的过程中再次理解它们的用法，语篇最后提到了教师与朋友的不同点（different hobbies），引导学生打开思路，仿照短文描述自己的好朋友，为后面的写作做铺垫（见图2-2）。

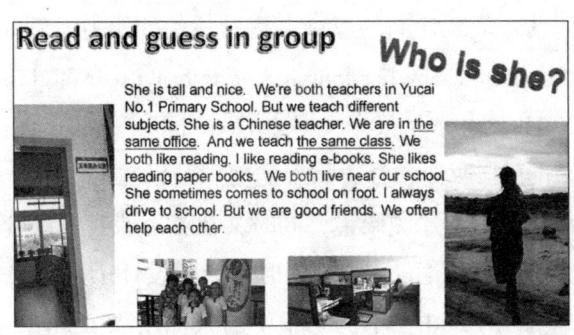

图2-2　Read and guess in group

活动4：看剪影，欣赏歌谣，猜测第三个朋友。在轻快的节奏中，学生猜出剪影是一只小狗。虽然觉得有点意外，但学生的思维因此进一步拓宽，自然地与生活中的情景结合起来（见图2-3）。

图2-3　Listen and guess

活动5：写一段话，介绍自己的好朋友。有了前面真实语境中的感知和操练，学生普遍对运用本课时学习的语言结构进行写作感到有信心。

上述一系列活动，创设了贴近学生生活的真实语境，三个朋友的语篇，基于书本又联系实际，最后升华情感、深化主题，把情境性不强的核心文本和辅助文本巧妙联系起来，使学生更好地理解语言，并在真实的语境下表达和运用语言。

四、巧加引导，培养良好的思维品质和学习能力

良好的思维品质包括逻辑性、批判性和创造性。五年级的学生正处于从具体形象思维向抽象逻辑思维过渡的阶段。他们已具有一定的英语语言积累，教师可善加利用文本内容和图片开展阅读、理解、对比、分析、猜测、判断、推理等活动，活跃他们的思维，提升他们的能力。例如，文本Friend 1：She's a girl. She's thin. She has long hair. She has a pair of glasses ... She often helps me teach English ... 学生根据文本中的She has a pair of glasses，She often helps me teach English 两句和旁边附着的剪影及以往的学习经验，准确地判断是Kitty，因为只有Kitty才戴眼镜，同时又在英语课上频频出现。

又如，在教学核心词汇both的用法时，教师设计了两张幻灯片，层次分明、逻辑清晰地揭示了both在不同句子中的人称用法（见图2-4），以及与all的用法对比（见图2-5），帮助学生轻松地理解了知识间的层次性和逻辑关系，并顺利地迁移到后续的学习当中。

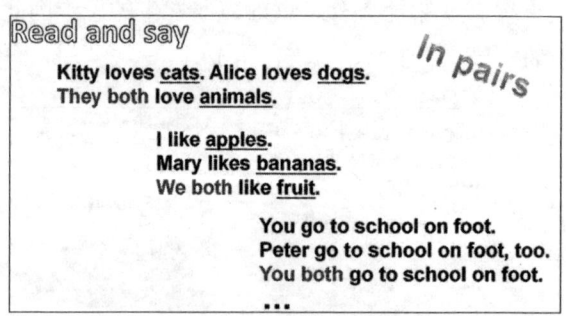

图2-4　Read and say

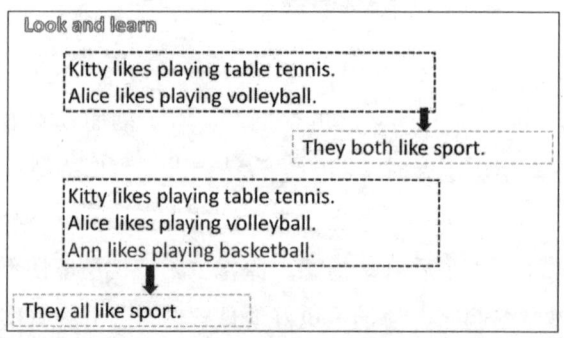

图2-5　Look and learn

在写作任务的设计上，教师把任务分成两个层次（见图2-6），既照顾

到不同能力水平的学生需要，又提供了学生发挥创造的空间。

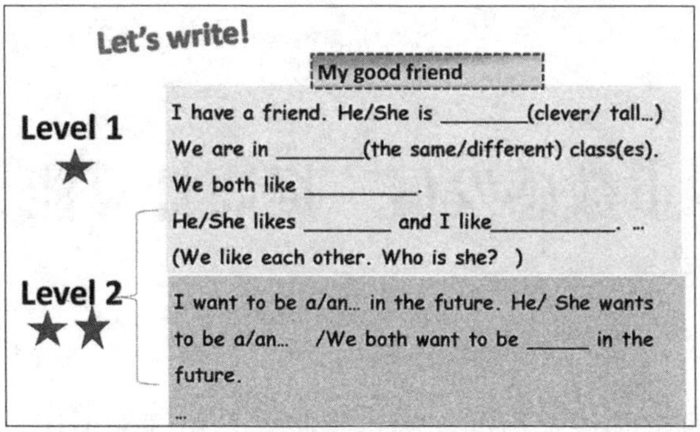

```
Let's write!
                My good friend
Level 1    I have a friend. He/She is _____(clever/ tall...)
  ★        We are in _____(the same/different) class(es).
           We both like _____.
           He/She likes _____ and I like_____. ...
           (We like each other. Who is she? )
Level 2    I want to be a/an... in the future. He/ She wants
  ★★       to be a/an... /We both want to be _____ in the
           future.
           ...
```

图2-6 Let's write

在课的尾声，教师提出一个开放性问题：What is a friend? 经过三个文本的学习，学生的思维空间已大大拓宽，他们能批判性地理解友情的内涵：Friends usually are in the same class. But even if they are not in the same place, they still can be friends. Friends will help each other when needed. Friends may have differences. Difference makes the world beautiful. Cherish our friends.

五、结语

英语学科核心素养的四个方面是相互联系、相互促进的。教师教学时应深入挖掘教学文本的内涵，使学生在相对真实、完整的情境中积极参与教学活动，习得扎实的语言能力和对不同文化的理解力，并锻炼良好的思维品质和学习能力。

注重数感发展　提高计算能力

《义务教育数学课程标准（2011年版）》明确提出10个核心概念，即数感、符号意识、空间观念、几何直观、数据分析观念、运算能力、推理能力、模型思想、应用意识和创新意识。其中，数感被摆在了首要位置，可见理解数感概念，并让学生在数学学习过程中建立数感，是课程标准强调和重视的问题。数感主要是指关于数与数量、数量关系、运算结果估计等方面的感悟。数感是一种主动地、自觉地或自动化地理解数和运用数的态度和意识，是一种基本的数学素养。课程标准虽然降低了对计算能力的要求，降低了笔算的难度，但是学生的计算兴趣并没有因此提高，学生的计算能力也有下滑的趋势。由于计算贯穿小学数学教学整个过程，计算能力的高低会直接影响学生数学学习的质量，因此，发展数感、提高学生的数学计算能力显得尤为重要。

一、立足算理理解，发展数感

在计算教学中，教师不仅要让学生会算，还要让学生知道为什么要这样算，也就是一定要给学生讲清算理，学生只有明白了算理，才能加深理解。史宁中、吕世虎认为："数感是对数的感悟，数感不只限于感觉或感知的范围，而含有思维的成分。"《义务教育数学课程标准（2011年版）》在实施建议部分要求教师不仅要使学生掌握技能操作的程序和步骤，还要使学生理解程序和步骤的道理，即对教师指导学生探究算理、帮助学生弄清算理提出了要求。例如，北师大版五年级下册《分数加减法》一课（见图2-7），通过算一算解决笑笑比淘气多用了这张纸的几分之几。

图2-7 分数加减法

进一步借助面积模型的直观运算和通分的联系,帮助学生在两个活动的联系中,特别是对直观运算的反思中,加深对异分母分数加减法算理的理解。理解通分的意义在于把不同分数单位的分数变成相同分数单位的分数。由此可见,只有立足算理,积累数学活动经验,学生才能对异分母分数加减法有更深刻的理解。这种理解可以帮助学生用灵活的方法做出数学判断,并为解决复杂问题提出有用的策略,从而提高计算能力。

二、重视估算方法,发展数感

《义务教育数学课程标准(2011年版)》在课程内容中,特别是"数与代数"部分多次提到估计及估算的要求,如"在生活情境中感受大数的意义,并能进行估计""能结合具体情境,选择适当的单位进行简单估算,体会估算在生活中的作用""会根据给出的有正比例关系的数据在方格纸上画图,并会根据其中一个量的值估计另一个量的值"。由此可见,对运算结果的估计反映的是学生对数学对象更为综合的数感。估算的方法大体上有:

(1)凑整。取整十数、四舍五入如 $49 \approx 50$,$92 \times 28 \approx 90 \times 30 = 2700$。

(2)取中间数。北师大版六年级下册有这样一道题:学校组织看电影,各年级人数如下表所示(见表2-3)。

表2-3 看电影各年级人数统计表

年级	一	二	三	四	五	六
人数	289人	301人	278人	307人	297人	286人

电影院有2000个座位,够吗?

$289 + 301 + 278 + 307 + 297 + 286 \approx 290 \times 6 = 1740 < 2000$,够。

(3)利用特殊数据特点估数。例如,126×8,就可以想到 125×8,

125的8倍就是1000。

（4）寻找区间，看首位。

求至少的情况，使用数的首位；求最多的情况，数的首位加1。例如：4.6×3.4，至少：4×3=12；最多：5×4=20。

都往大估，或都往小估；一个估大，一个估小；或一个估，一个不估；先估后调。

（5）利用乘法口算估算。例如，59÷3、88÷3、91÷2、41÷4、62÷4。

重视估算，促使学生形成估算意识与策略，在精确计算前运用估算对结果进行预测，精确计算后运用估算对结果进行验证。这样，学生的估算意识和估算能力在实际运用中不断发展，学生的数学素养在实际问题的解决过程中逐步提高。

三、借助几何直观，发展数感

几何直观和数感虽是两个不同领域的内容，但几何直观具有直观的形象，可以解决抽象的数感问题。教师可利用几何直观培养学生的数感，通过降低学生的思维难度，减少数学的抽象性，给学生提供一条更为明晰的思维路径。《义务教育数学课程标准（2011年版）》指出：利用图形描述和分析问题是培养和发展学生的几何直观能力的主要途径。所以，几何直观既是解决问题的一种策略，也是一种思维方式。它可以使较为复杂的问题瞬间变得简明、形象、清晰，学生就能够很容易地理解题意，从而正确地解决问题。例如，六年级上册第二单元有一道这样的题：实验小学合唱组有120人，美术组的人数是合唱组的 $\frac{3}{5}$，科技组的人数是美术组的 $\frac{2}{3}$，科技组有多少人？学生感到无从下笔，有的学生能够感知却不会列算式，用几何直观可以帮助学生理解题意（见图2-8）。

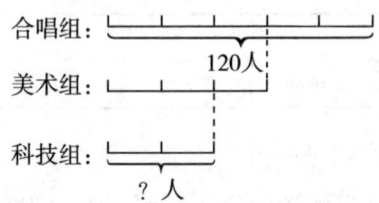

图2-8 实验小学合唱组、美术组、科技组人数几何直观图形

利用画图，把文字转为几何直观，使问题解决起来更为简洁：
$120 \times \frac{3}{5} \times \frac{2}{3} = 48$ 人。

四、提取数量关系，发展数感

《义务教育数学课程标准（2011年版）》指出，数感主要是指关于数与数量、数量关系、运算结果估计等方面的感悟。马云鹏、史炳星认为，"数感是人对数与运算的一般理解，这种理解可以帮助人们用灵活的方法做出数学判断和为解决复杂的问题做出有用的策略，在中小学数学教学中，发展学生的数感主要是指：使学生具有应用数字表示具体的数据和数量关系的能力；能够判定不同的算术运算，有能力进行计算，并具有选择适当的方法（如心算、笔算、使用计算器）实施计算的经验；能依据数据进行推论，并对数据和推论的精确性和可靠性进行检验，建立数感就是学会'数学地'思考"。

例如，这样的结果可能吗？爸爸今年32岁，比小明的3倍还多2岁，小明今年多少岁？$32 \times 3 + 2 = 98$（岁）答：小明今年98岁。

许多研究表明，数感的建立与学生对现实问题的感知和理解密切相关。在数的认识和运算内容的学习中，联系生活实际，把现实问题用数量关系来表示，从而理解运算，是建立数感的重要途径。解决问题的过程中应当注重对数量关系的提取，应用数量关系提高计算能力。

五、比较优化算法，发展数感

算法的多样化既包括计算方式的多样化：口算、笔算、估算、计算器计算，也包括计算答案要求的多样化：精确结果、近似结果。能够根据实际需要选择适当的算法也是数感培养的重要内容之一。计算是帮助人们解决问题的工具，应该把计算教学与问题解决的教学有机地结合在一起，这样才能使学生较为深刻地理解为什么要计算，知道什么时候选择什么算法进行计算更合理。这对于培养学生问题解决的能力和良好的数感都是十分有利的。例如，北师大版五年级下册有这样一道题，淘气和笑笑计算 $\frac{4}{9} + \frac{1}{4} + \frac{5}{9}$ 时用了不同的方法（见图2-9）。

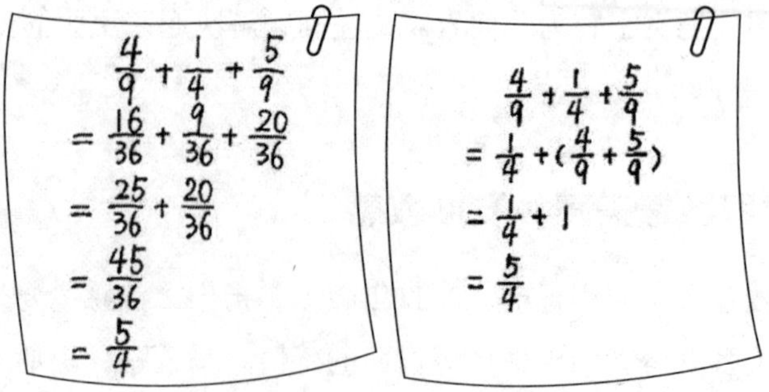

$$\frac{4}{9}+\frac{1}{4}+\frac{5}{9}$$
$$=\frac{16}{36}+\frac{9}{36}+\frac{20}{36}$$
$$=\frac{25}{36}+\frac{20}{36}$$
$$=\frac{45}{36}$$
$$=\frac{5}{4}$$

$$\frac{4}{9}+\frac{1}{4}+\frac{5}{9}$$
$$=\frac{1}{4}+(\frac{4}{9}+\frac{5}{9})$$
$$=\frac{1}{4}+1$$
$$=\frac{5}{4}$$

图2-9 淘气和笑笑计算过程

一种算法是根据算式从左到右的顺序进行计算，另一种是根据加法的交换律与结合律，改变原来算式运算顺序进行计算。比较这两种算法，后者更加合理、有效。

课堂中，学生能提出不同的算法，说明他们积极地思考，积极地参与了课堂。但是，在尊重学生个性化发展的同时，还要倡导对算法进行优化。例如，北师大版六年级下册知识与能力训练有这样一道题，找规律：（8，12），（6，14），（11，9），（□，15）。有学生提出，看作数对（x，y），（$x-2$，$y+2$）；如果$x+5$，则$y-5$；最后一个是$y+6$，所以11-6=5。还有学生提出，看作数对（x，y），满足$x+y=20$。很明显，第二种算法更简捷有效。提倡算法多样化，能培养学生"能为解决问题而选择适当的算法"的能力，学生对算法进行优化，提高计算能力，从而有利于发展数感。

总之，教学中要注重发展数感，以此来提高学生的计算能力。让学生运用恰当的学习方式，在各种生动具体的情境或现实情境中，体验和理解数学，引导学生独立思考与合作交流，引导他们自主探索，立足算理。在教学中还要注意培养学生的估算能力，注重估算，厘清题目中的数量关系，在比较优化算法的基础上提倡算法多样化，让学生经历数学知识的形成与应用过程，注重数学知识间的联系。让学生在学习实践过程中积累丰富的经验，充分体会数的概念，通过实践、思考、探索、交流获得数感、发展数感，从数量关系的角度更准确、清晰地认识、描述和把握现实世界。

自然拼读在小学低年级英语教学中的应用

Phonics翻译成中文就是自然拼读法，它认为单词是由音组成的，音又是由字母和字母组合而成。这种方法在国外已经有了100多年的使用历史，对于刚学习英语的低年级学生，这种自然拼读法对学习英语有很好的效果，如果懂得运用，在没有学习音标的基础上，学生就能读出大部分基础性单词，让小学生学英语变得容易，提高学生学习英语的效率，激发学生学习英语的积极性。

一、自然拼读法优势

在小学低年级英语教学中开展自然拼读法，具有如下一些优势。

1. 模仿能力突出

低年级的学生比高年级的学生更喜欢模仿，也更善于模仿，他们不会因夸张的发音嘴型而羞于开口，在学习自然拼读时，他们更积极和充满兴致。而自然拼读正需要学生大量地张口模仿发音动作，我们在这一阶段可以充分发挥学生自然模仿语言的特点，让学生通过动画、歌曲等熟练地掌握字母名和字母音以及拼读方法。

2. 发音可塑性强

发音一旦形成，就很难重塑，小学低年级的学生之前没有或者很少接触英语，所以他们没有什么不良的发音习惯和发音方法，这个时期有效的英语语音教学可以更好地帮他们形成正确的发音，养成良好的发音习惯。

3. 学习兴趣浓厚

爱因斯坦曾经说过："兴趣和爱好是最好的老师。"学生刚接触英语，对英语充满好奇，这让教师更容易抓住学生的心，本着英语要从娃娃抓起的原则，让学生在童年时期能收获自然拼读对他们英语语音学习带来的帮助，减轻他们学习英语的负担,增强他们学习英语的信心和兴趣,为今后的学习和发展奠定基础。

二、自然拼读法教学内容

小学低年级开展自然拼读法的教学,内容包括:

(1)学字母操。我推荐"清华少儿英语"字母操,它由三部分组成:字母的示范音、字母在单词中的发音(短元音)、单词,再配上形象的肢体语言和音乐节奏,老师和学生一起模仿,在玩中学,在学中玩,寓教于乐,让学生感知并记住26个英文字母的常用发音。

(2)学短元音。字母操中的字母示范音就是短元音。

(3)学和汉语相似的辅音发音。

(4)学辅音短元音组合。

(5)学元音字母在开音节中的发音。即a-e、e-e、i-e、o-e、u-e的拼读,培养见词能读能力;进行听音写词的练习,培养听音写词的能力。

(6)学字母组合的发音。主要分以下几组教学:ai-ay、ou-ow-au-aw、ea、ee-oo、oi-oy、ar-er-ir-or-ur、air-ere-ear-are、c-g的发音变化规则;sh-ch-tch-mb-dr。

需要注意的是,这些教学内容应与自然拼读法相渗透,将已学的辅音、辅音短元音组合及元音字母、元音字母组合打乱,整合成几组,让学生表演字母操并且拼读,熟练到一定程度后学生即能见词拼读,如read,bag,hot,draw,hair,book等单词。英语辅音字母及辅音短元音组合在单词中的读音就相当于汉语拼音中的声母,英语单词的元音是由元音字母和元音字母组合构成的,相当于汉语拼音中的韵母,可以举一些例子让学生明白英语单词的拼读关系。拼读可以从两个音的拼读开始,如g-a-ga,b-e-be,o-n-on,a-m-am等,然后循序渐进再进行三个音的拼读操练,如s-a-d-sad,t-i-p-tip,b-u-s-bus,w-e-t-wet,g-o-t-got等,再慢慢过渡到多音节词的拼读。

三、自然拼读法有效的教学方法和策略

作为工作在教学一线的小学低年级英语教师,我在与学生的接触当中,经过多年教学反复实践研究,探索出如下几个在小学低年级开展自然拼读法

有效的教学方法和学习策略。

1. 用汉语拼音发音和拼读规律对学习英文字母及字母组合的发音

其实自然拼读法的学习和汉语拼音的学习过程差不多，学习汉语拼音时就要事先背下声母、韵母，然后学习四种声调，之后把声母、韵母合起来后组成拼音，再加上声调。而自然拼读法也是先背音，从最简单的26个字母的常用发音开始，由辅音、元音组成，跟声母和韵母结合发音一样，英语也是从辅音和元音进行组合，如a ad m-ad mad，i ig p-ig pig，e d r-ed red。让学生明白英语单词是怎么拼读的，英语单词怎样拼读就要怎样写，就像汉语拼音一样。拼读教学为培养学生见词能读打下基础，如果学生能够熟练拼读单词，阅读和口语水平也会相应提高。不需要借助音标就能够读出80%的英语单词，把枯燥无味的背单词变成一件简单容易而有趣的事，从而达到事半功倍的效果。

2. 动画歌曲、音频、视频等多媒体引导拼读教学，提高学生的拼读兴趣

小学生学习的一个重要因素就是视觉因素，学生能够通过生动的画面、丰富的色彩和美妙的声音对所学的知识形成较高的学习兴趣，同时丰富的媒介形式也能够刺激学生的学习欲望。因此，在课堂上通过多媒体的形式，利用丰富的音频、视频，充分调动学生的多种感官，选用歌谣、歌曲、小对话、图片等教学媒介，让学生动脑、动口、动眼、动手，提高学生的学习积极性。例如，在课堂上播放自然拼读的歌曲，如"安妮鲜花"《磨出你的耳朵》系列，观看 Phonics Kids 的辅音和元音，以及简单的动画片，如跳跳蛙（leapfrog）和 Bailey's Book House 等，鼓励学生从歌曲、动画、游戏等语境中掌握基本的拼读规则，提高学生的学习兴趣。

3. 类比教学，一通百通，见微知著

如果单纯学习语音知识，学生会觉得语音又难又枯燥，教师不妨设计一些小韵文，如歌谣、绕口令等，整合所学语音知识，使学生在学习一系列相同音素的单词时，能一通百通，见微知著。当学生掌握了一些字母的拼读后，教师可以在教学中加入一些相似单词的类比，比如在教单词name时，可先让学生拼出单词的读音，再举出一些相似的单词，如game，blame，same，让学生尝试拼读，训练学生拼读的能力和速度，通过大量的听说训练，培养学生的拼读技能。

4. 简笔画、漫画促整合，学习拼读

在教学a的发音时，在黑板上出示fat / cat / hat / bat / man，最终形成一个完整意义的画面：A fat cat and a fat bat are in the batman's hat. 漫画夸张简洁的表现手法具有极大的趣味性和讽刺性，能给学生留下深刻的印象，进而促进其勇于开口、勇于尝试，辅助自然拼读教学，能够帮助学生正确拆音，有效拼读，寻找音图，迅速建立单词音、形、意之间的联系，帮助学生克服英语中音形不一的问题，继而有效提高学生拼读和记忆单词的能力。

5. 享受丰富的绘本情节，高效操练语音语调，激活思维

将国内外的有声儿童分级读物充分运用于自然拼读教学中，如培生、牛津等大量的有声英文读物；《外研社丽声拼读故事会》系列等；*Brown Bear, Brown Bear, What do you See? Ten Apple Up on Top*等，这类绘本字数较少，故事情节生动有趣，节奏感较强，符合低年级学生的心理特点和认知水平，在阅读初期可以取得良好的效果。教师要利用抑扬顿挫的语音语调，把绘本中的文字语言转化为学生可以感知的声音形式，高效操练语音语调。经过一段时间的训练以后，可以尝试字数较多的绘本，如*I can read*系列丛书、*Danny and the Dinosaur!* 等，分级有声读物不仅能够帮助学生巩固自然拼读知识，还能帮助学生提高音素觉识，积累情境，内化自然拼读规则，使学生真正叩开英语学习的大门。

总之，自然拼读是英语初学者不能错过的语音启蒙，小学生在学习英语的伊始就建立起英语字母代表发音的观念，辅助一定的练习，遇到英语生词时就能张口能念、出声就读。让自然拼读成为解决英语单词、训练学生语音、发展学生英语运用能力的强有力的武器。作为小学低年级英语教师，我还需要不断地学习和总结这种先进方法，以便让学生更能从中受益，为他们将来的继续学习打下坚实的基础。

第三章 "融"——课程的智慧应用

创设情境教学法在小学信息技术课堂与小学英语课程中的整合运用与实践

自人类进入20世纪80年代以来，教育开始迈向网络时代。信息技术改变着人们关于知识的观念；改变着人们关于学习和教育的观念；信息技术的日益成熟和普及为实现教育的第三次飞跃提供了平台；信息技术实现了教育的个性化，实现了人机互动模式，促进了师生关系的民主化。在迅猛变革的新时代，将学科统整的创新学习与传统的知识基础学习并行融合，构建统整项目课程，突破课程、班级、教师、时空边界，以学生为主体，变革学习空间布局，实现浸润式课堂，让真实世界与学习内容相关联，全面培养学生的核心素养。

课堂教学效率的高低，取决于教师、学生和课堂情境三大要素的相互协调。良好的课堂情境具备两大功能，一是促进功能：有助于让学生更好地理解课程内容，对教师的教学起到促进作用，激励学生潜能的释放以促进学生的学习；二是维持功能：课堂情境的维持功能是指在课堂教学中持久地维持良好的内部环境，使学生的心理活动始终保持在课业上，以保证教学任务的顺利完成。那么如何创造符合小学生最近发展区的课堂情境呢？本文就课堂情境与实际教学方法，结合实例进行一些初探。

一、关注兴趣培养，激发操作动机

教学若能从学生的角度思考，很多问题便能迎刃而解。创设合适的教学情境，可以充分激发学生的学习兴趣，有集中注意力、联结知识、明确目的、沟通情感的作用。

以小学信息技术第一册（上）第四课《认识"画图"新朋友》为例，

本节课是让学生初步认识Windows的画图软件，是学生开始学习用计算机画画的第一节课，是最基础、最关键的一节课，为学生今后的学习打下基础。在讲授这节课时，国庆节将至，于是创设课堂情境为庆祝国庆节。在学生第一次接触画图软件，还不能熟练操作鼠标等的背景下，将课堂情境与学生的生活情境相联系，有助于激发学生的操作兴趣和培养学生的自主学习力。首先出示国庆节的节日情境，将学生引入即将迎来国庆节的情境中。接着介绍国旗，让学生描述他们眼中的国旗，包括颜色、外形。然后出示五星红旗的图片，告知学生这节课我们要用画图软件来自己描绘五星红旗，与祖国同庆。学生们个个兴趣盎然，跃跃欲试。在这样的课堂情境导入后，开始讲授新课，启动画图软件，讲授铅笔工具、橡皮工具、调色板的使用以及矩形工具的使用和运用，达到知识与技能的学习目标。本课遵循教师为主导，学生为主体的原则，结合学生年龄特点，采用任务驱动教学法（Task Based Teaching Method）通过生活实例掌握本节课的知识技能与操作技能。

二、创设生活场景，丰富操作内容

在《画出公园的一角》这节课中，创设了两个情境，一个是公园野餐的情境，另一个是给妈妈过生日的情境。把这两个情境结合起来，设置的任务是使用椭圆工具制作一个生日蛋糕。

恰如其分、新鲜有趣的生活情境导入能够最大限度地激发学生的求知欲，点燃学生的学习热情，让学生把兴奋点迅速转移到新知识的学习上。

通过给妈妈做生日蛋糕这一学习任务，沟通情感的方式能够改善师生之间的心理紧张关系，还可以使师生之间产生亲近感、信任感。教师在这个时候扮演的角色是引导者，帮助学生完成既定的任务，达成情感态度价值观的培养目标。生活化教学内容的撷取，使学生在课堂上表现出了极大的学习热情，他们积极地参与到任务完成中，情知互动，学乐俱收。本课采用情境创设法和任务驱动法开展课堂教学。在教师创设的情境中，学生的学习兴趣和学习主动性被激发出来，同时开展自主学习结合小组合作学习，在这一过程中发现问题、分析问题、解决问题，进而达成本课的学习目标。

三、巧妙课堂整合，提升综合素养

信息技术是一门以操作为基础的课程，同时又是能够与其他课程很好融合的课程。目前，在小学英语课程与信息技术课程的整合研究中，往往将注意力过多地放在信息技术在教学中的呈现上，而忽视了英语课程的教学内容和教学目标。基于小学生生理特点和小学英语课堂的目标要求，构建情境式教学场景，围绕单元教学主题与所学内容，以英语学科的课程内容为依托，以信息技术课堂为场景，将信息技术的交互性和实时性充分发挥出来，置学生于逼真的语言情境中，就能激发学生的学习内驱力和学习兴趣，为学生的综合语言运用和形成打下基础。基本步骤为：①引入生活情境，明确教学主题；②师生互动绘图，呈现课文脉络；③布置操作任务，围绕主题描述；④展开联想与讨论，进行会话操练。

课例如下：结合三年级英语课颜色的主题，在利用画图工具绘制国旗时，首先由教师进行描述："Look at this national flag. What color is it？"学生回答："It's red / green / yellow…"呈现出基本句型，接着进行更进一步的提问，结合学生自己的作品，教师提问："What color of your flag？"学生根据自己的创作来进行回答。因为是自己绘制的作品，学生回答起来思路清晰，围绕主题情境操练句型，可以避免机械操练的枯燥乏味，同时又提高了信息技术任务的完成效率。

通过知识的联结，教师提出问题，明确了学习的目的，通过信息技术课堂的任务来完成语言的操练，能够让学生身临其境，学有所用，提高学习效率。

创设新颖的情境与丰富多样的呈现方式，是符合皮亚杰关于小学生的思维以具体形象思维为主要特点的认知发展理论的。现代信息技术可以让学生通过合作学习和小组协同作业来培养合作学习的能力，同时围绕教学目标进行讨论、交流、反馈。学生触发情境，激发想说的欲望，自然地找到话题，很快地融入课堂，提高了学习效率。同时在教学过程中要把加强学生创造性思维意识的培养放在首位，提倡独立思考，探索新知识，让学生学会利用发散思维去发明创造，学会利用抽象思维捕捉创意，拓展思考的自由度，摆脱思维定式，倡导逆向思维，让学生通过这种教学，体会探索新知识的过程。在具体的教学过程中致力于营造生动活泼的教学氛围，充分运用启发式教学，引导学生积极思考和探究，并以创新精神去理解和运用知识。要通过教育信息化促进小学教育走向现代化，课程整合是教育信息化的核心。

浅谈信息技术在低年级英语听说教学中的妙用

一、引言

我国英语教学多年以来难以突破的一个瓶颈就是听说能力的提高，学生经过多年的学习仍难以灵活运用所学的知识与他人进行交流，造成这一现象长期存在的原因，其中一点是教学方法单一，脱离语言运用环境，不注重语言交际能力和语言综合运用能力的培养。学生难以获得理想的语言学习环境，因而听说能力难有很大的提高。

心理学研究表明，儿童期是语言习得的最佳时期，尤其是小学低年级阶段，更是培养学生听说能力的关键期。在关键期内通过恰当的方法提高学生的英语听说能力，可以达到事半功倍的效果。要使初学语言者发展语言思维能力，重要的是让他们充分进行内部语言活动，以促进他们内部语言的发展。为此，一方面英语学习必须要有大量内容广泛、表现形式多样、符合学生心理特点的与各学习主题相关的拓展学习资源，为学生创设理想的听说环境；另一方面教师在教学中应尽可能通过多种形式的教学活动，给学生提供尽可能多的表达和交流的机会和时间，使学生在充分的对话、交流中，提高听说能力，活跃思维、展现个性，提高语言综合运用能力。

二、运用信息技术，巧用情境，创设英语学习的语言环境

多媒体教学生动、形象、直观，能充分调动学生多感官参与语言实践活动，使学生产生浓厚的学习兴趣和丰富的联想。教师要结合多媒体教学，设计较真实的语言情境活动，使学生有身临其境的感受。

例如，在学习After School一课时我设计了一个续编对话的活动，利用学校广播资源和两名学生，编制出一段影像：两名学生在听到学校放学的提示语后一边从教室走出来一边说：

A：School is over. Let's go home.

B：Ok！Let's go！What do you do after school?

……

这时，片段停了，让学生续编对话。结果，学生的对话也是各有千秋，如：

A：School is over. Let's go home.

B：Ok！Let's go！What do you do after school?

A：I ride a bike after school. How about you?

B：Me too.

A：Do you ride a scooter?

B：No，I don't.

A：Do you like playing a game?

B：Yes，I like.

A：Let's play a game together.

B：That's great！

A&B：Play a game，play a game，let's play a game！Woo~~

（陈子鑫、韩紫媛）

这种形式把对话与句型联系了起来，创设了真实、明确的任务情境，并且寓任务于合作学习之中，充分体现了活动的合作性和互动性。除此之外，我们平时还可以采用小组集体竞赛等方法来创设情境，落实任务。需要注意的是，创设任务情境时教师要先做简明的示范；教师的指令、要求要清晰易懂；要保证留给学生充足的练习时间；练习完后一定要组织交流、检测和评价。

三、运用信息技术，采用生活实例，注重联系实际

知识来源于生活。联系生活实际导入新课能加强英语与现实生活的密切联系，激发学生学习英语的兴趣，充分调动学生的学习积极性和求知欲，进而为学生提供生动丰富的感性材料和生活经验，让学生感受英语在实际生活

中的应用。

活动一：在学习The Children's Day一课的句型时，我先让学生在课堂上观看相关的西方节日文化视频，然后让他们课后设计了一个调查表，第二天课堂上在小组内进行调查，学生根据自身实际作答，然后把调查到的画出来。

活动二：学习After school一课时，我私底下找了几个小主持人，调查了他们放学后喜欢做的活动，然后帮他们拍了一张思考问题和一张胜利姿势的照片，运用多媒体做成一个竞猜活动。活动开始的时候，我让小主持人自由组织活动，小主持人走上讲台说："Guess what I do after school. Hands up！"其他学生马上把手举得高高的，然后一个一个地猜小主持人的答案。小主持人也根据学生的回答，点击图片，当出现自己胜利的图片时，答案也就出来了。这个活动过后，我就紧接着出示问答句型，让学生根据自己的生活实际互动交流。

在信息技术的辅助下，学生在听和说方面都得到很有效的训练，学生在愉悦的学习气氛下越来越积极主动，学习兴趣在逐步提高。

四、运用信息技术，善用问题引导，开拓学生的创新思维

教师既要帮助学生学会系统知识，又要引导学生去发现、去探索，让学生用自己的头脑去想，用自己的眼睛去看，用自己的手去做，使学生的聪明才智用在创造性学习上，使学生学会和运用认识问题、分析问题、解决问题的思维方法。其中让学生增强主动地、独立地发现新事物，提出新见解，解决新问题的创新思维能力更显得重要。在教学实践中，教师应积极引导学生摆脱惯性思维的束缚，激发学生发散思维，培养学生多角度思考问题的能力，通过运用求异思维、创造性思维等方法来寻找解决问题的多种途径和方法。

每个学生都有自己独特的见解，任何问题都没有完全正确的答案，看法不同的每个人都有自己心目中的答案。例如：

活动一：Fun with Koko一课主要学习的是高和矮、胖和瘦、大和小等几组形容词。结合学生以前学过一篇叫"比尾巴"的语文课文，于是我设计了自编英语儿歌，配上电脑chant节奏的活动，效果也是令人满意的。

自编儿歌一：

Who is big?	The bear is big.
Who can swim?	The cat can swim.
Who is strong?	The robot is strong.
Who is beautiful?	The peacock is beautiful.
Who is terrible?	The lion is terrible.

（邱艺）

自编儿歌二：

Who is fat?	The panda is fat.
Who can swim?	The fish can swim.
Are you Jack?	No，I'm not.
Do you like fish?	Yes，I like.
Can you run?	Yes，I can.
May I come in?	Come in，please.

（陈曦）

这样学生能展开想象的翅膀，在浓厚的兴趣中自由自在地进行联想，能轻松、愉快地学到知识，在发展语言能力同时又开拓了创新思维。

活动二：在学习 What Is It? 一课时，通过运用信息技术，展示一个不断转动的圆形图形，让学生利用想象回答问题："What is it？"学生的答案可以说是五花八门（见表3–1）。

表3–1　学生答案类型表

答案类型	实在型	相似型	联想型	意外收获型
人数（15人）	2	10	2	1
比例	13%	67%	13%	7%

在所有回答中，实在回答型（如It's a circle. \ It's a big circle.）占13%；想到形状相似的答案的（如It's an orange \ a sun \ a cake \ a clock等）占67%；能进行进一步联想的占20%，如It's a fan.（用中文解释：正在转动的电扇）。还有7%的学生运用了夸张的说法，回答：It's an UFO。一年级的学生在平时的课上做出这样的回答的确让人感到惊讶。

的确，我给学生的潜力和创造力打了一个"X"，他们的潜力和创造思维能力都是未知的，深不可测，这说明能挖掘和引发的是无限的，因此，要想让学生丰富想象，积极探索求异，坚持独立见解，就要求教师要善于挖掘教材中蕴含的创造性因素，通过丰富的资源设疑创设情境，给予每位学生参与的机会，让学生积极运用所学知识，大胆进行发散创造并积极发言，从而给他们提供发散思维的机会。

五、运用信息技术，巧妙安排学生的自主学习与协作学习

教师不仅是组织者、管理者，更是研究者、创造者。教师在进行教学设计时，要研究学生的知识结构、学习意向、学习风格等，然后确定理想的教学内容、策略、教学步骤，以实现培养学生综合语言运用能力的教学目标。

在以学为中心的教学模式中，学生首先应该是自主学习者。我们在教学中更要重视学生的主体性、主动性，更要关注学生自主学习能力的培养。信息技术能为学生创造理想的自主学习环境。建构主义认为，学习者与周围环境的交互作用，对于学习内容的理解起着关键性作用。学生在教师的组织和引导下讨论和交流，共同建立起学习群体并成为其中的一员，通过这样的协作学习环境，学生的思维与智慧就可以被群体所共享。因此，教师更应利用信息技术或是课堂面对面的交流机会，采取多种说的方式，激发学生的兴趣，鼓励学生开口讲话，安排好学生的自主学习与协作学习，不断促进学生在合作的学习环境下学习、发展。

六、结论

在小学，以信息技术整合英语教学，就是将信息技术作为工具和手段渗透到英语教学中，使英语教学融入现代的教育思想观念与教育技术，实现英语教学改革。作为新世纪的英语教师，我们应充分发挥教师在课堂教学中的主导作用，运用丰富多彩、趣味性强的信息技术资源，为学生创设学习环境，提供尽可能多的表达和交流的机会，不断提高英语教学质量，培养出能适应新时代要求的人才。

浅谈信息技术在小学数学教学中的应用

《义务教育数学课程标准（2011年版）》在前言中就充分强调信息技术对数学教育带来的影响。数学是研究数量关系和空间形式的科学。数学与人类发展和社会进步息息相关，随着现代信息技术的飞速发展，数学更加广泛应用于社会生产和日常生活的各个方面。对于小学数学教学来说，运用信息技术图、文、声、像、影并茂的特点，将教学内容中涉及的事物、情境过程等表现于课堂之中，使学生有直观感、新颖感、惊奇感、独特感，不仅能唤起学生的情绪，激发他们的兴趣，更能让学生在动态变化中感受学习数学的美妙。

将信息技术应用于小学数学教学之中，改变了教学方式和教学手段，提高了课堂教学效果，起到了有力的促进作用，达到了传统教学模式难以比拟的良好效果，加快了新课程改革的进程。下面我结合自己几年来在数学教学中应用现代信息技术进行教学的情况，从以下几方面谈谈自己的体会。

一、应用信息技术于数学教学中，使教学展示更形象直观

小学低年级学生的思维水平正处于具体形象思维阶段，其感知的事物以物体的形象为主，应用信息技术于教学中，不仅能使学生感到生动有趣，便于学生观察，而且有利于学生的理解。

案例一：什么是周长

上课开始，教师用多媒体呈现画面，一片绿叶，边缘上附着一只小蚂蚁。在教师的操作下，小蚂蚁缓缓地沿着叶片边缘爬行，蚂蚁爬过的地方留下了一条红色的轨迹。这个情境相信很多教师都使用过，它可以帮助学生从形象上理解周长的含义，从数学思想上启发学生周长来源于生活，并能通过后续一组变式的练习，建立、发展周长的概念。有了信息技术的支持，把很

难用准确的语言表述的数学概念展示出来，符合学生的年龄特征，引发学生的兴趣；引导学生发现，启发学生理解了周长的实际意义。

二、应用信息技术于数学教学中，使教学内容更加丰富

小学数学课程为学生未来生活、工作和学习奠定重要的基础，随着社会的发展，以前在生活中不需要的内容，现在可能显得重要起来了，甚至成了生活的必需。应用信息技术于小学数学教学中，适当增加一些合适的数学内容，使学生学习的内容更为丰富多样。

案例二：面的旋转

在教学六年级上册《面的旋转》这一内容时，如果运用传统的教学方法和平面静止图像进行教学将会给学生的理解带来一定的困难，因为点、线、面、体之间的关系是在运动的前提下形成的，很难用语言或靠想象描述清楚，学生不易理解和掌握。但我们可以感知的是一个立体的世界，在教学时，教师利用多媒体来动态演示下雨、流星的画面，感知把雨点和星星看成一个点时，它们在快速运动时形成一条线；演示汽车雨刷的运动，感知线动成面的道理，演示了几个平面图形（长方形、半圆形、直角三角形等）沿一条边旋转一周的转动过程，让学生充分感知一个立体图形是由面旋转后得到的，让学生充分感知"点动成线，线动成面，面动成体"，同时也培养了学生的空间观念。

三、应用信息技术于数学教学中，可以提高课堂教学效率

钟表的知识对于低年级学生来说，一直是一个难点，整时、半时相对来说比较容易，但如果处理不当，也容易造成学生做题时出现各种错误。

案例三：整时、半时的认识

学生的学具盒里都有一个小的钟表模型，上课时，教师让学生动手拨出整时和半时，如果认真观察就会发现，其实学生拨出的半时，分针都指向了6，而时针所指的却不太相同，如3时半，有的学生将时针拨到刚刚过3，有的将时针拨到快指向了4，还有的让时针直接指向了3。为什么会出现这样的情况呢？究其原因，我们发现其实不是学生不会，而是教师在教静态的数学，学生也就没有动态地认识时间，这就使得多数学生在学完这一课时，仍然不知道半时是分针指向6，而时针应该指在两个数的中间以及为什么会这样。

我在教学这一课时，没有让学生用学具盒中的学具，而是让学生观察用多媒体制作的课件，如从4时到4时半，时针和分针是怎样变化的？让学生能形象直观地感受到秒针、分针、时针都是在不停地走动的，只不过有的指针走得快，有的指针走得慢。通过电脑的演示，突破了教学的重难点，使学生掌握了知识，也使课堂的教学效率大大提高了。

四、应用信息技术于数学教学中，使教学的反馈更加及时

传统的教学中，教师用粉笔将需要学生讨论的题目写在黑板上，学生讨论后进行汇报时，用自己的语言来讲述小组得出的结论，有时是比较困难的。而现在通过信息技术，学生可以很容易地将自己的作品展示给全班同学看，教师也可以有针对性地对学生作品中的优点给予表扬，对其中的不足以及需要注意的地方，提醒全班学生注意。在学生每人一台电脑进行上课时，反馈的信息更加准确，教师可以及时掌握学生的学习状态和达成目标的情况，以便根据学生的不同情况进行因材施教或及时调整教学。

五、应用信息技术于数学教学中，使学生在生活中感悟数学

《义务教育数学课程标准（2011年版）》指出："人人学习有价值的数学""重视从学生的生活经验和已有的知识中学习数学，体验数学"。事实上，学生也更容易理解和掌握有一定生活基础的数学知识，并且对此更感兴趣。在教学中我尽可能充分地运用信息技术创设与学生密切相关的生活情境，而这种创设的情境不是为情境而创，而是为了学生学习的需要，为了便于教学的开展。教学的生活化情境，使数学和生活实现近距离，甚至是零距离。信息技术与小学数学教学的整合，能把单纯、枯燥的知识，融入一个个活生生的切合学生生活实际的情境，激发学生学习知识的兴趣，使学生真正感受到生活中处处有数学，而这些数学知识能在实际生活中得到应用。

案例四：起跑线

教学这一课时，我事先在网上找到了亚运会男子400米的比赛录像，上课时通过大屏幕放映，让学生通过观察感知起跑的位置不同，但终点相同的原因（跑道转弯处的长短不一），然后给出具体数据，让学生计算出在转弯处运动员相差的距离，得出起跑时每位运动员的位置，将圆的知识与实际生活紧密联系起来。又如元、角、分的认识是小学数学教材中学生比较难掌

握的学习内容。教学中我创设了一个超市的情境。超市里各式各样的商品让学生兴奋不已，极大地激发了他们强烈的参与欲望，他们迫不及待地想在网络中做顾客。根据电脑显示，学生可以自己充当售货员，点击食品到秤上去称，然后根据单价算出金额。也可以是顾客，自由地去花钱购物，将手中的钱计划着去用，学习热情空前高涨。其间，学生主动参与互动，每个学生都自然地通过信息技术把所学的知识与生活实际紧密地整合在一起，缩短了教材内容和生活经验之间的距离，既提高了解决实际问题的能力，又提高了课堂教学效率。

总之，现代教育思想指导下的数学课堂教学，应以学生发展为本，以思维训练为核心，以丰富的信息资源为基础，以现代信息技术为支撑。信息技术与数学教学的有机结合，是数学教学改革中的一种新型教学手段，教师在充分研究学生的认知特点和知识结构的基础上，将信息技术应用于小学数学教学中，合理利用多媒体网络技术，制作或下载图、文、声、像俱全的课件，创设良好的学习情境，调动学生原有的知识和经验，做好背景知识的铺垫，对教学环境的创设、教学目标的实现以及学生对教学内容的掌握等发挥着很大的作用，使教学日益综合化和现代化，从而优化教学过程，提高教学效率。

浅谈现代教育技术对语文教学的影响

伴随着人类社会文明化进程逐渐加快，日新月异的信息技术正从方方面面涌入人们的生活，迅速改变着人们的行为方式、思维方式，改变着人们的生存、学习、工作的条件等，自然现代信息技术也当仁不让地成为教育教学过程的重要因素。信息技术的发展给现代教育带来了发展的动力，为现代教育提供了丰富的信息资源与工具，信息技术的应用已成为现代教育技术的特征之一。如何在教学过程中真正有效地使用现代技术，使之成为教学过程中的锦上添花，而不是生搬硬套的鸡肋式的存在，已经成为摆在现代社会每一个教育工作者面前的课题。

我们知道，语文学科不仅仅是以培养学生阅读、写作、听话、说话能力为主要目的和主要内容的文化基础课，也担负着培养学生对传统文化的认同感和归属感的德育责任。那么，当现代社会里高速发展的信息数字化技术遭遇传统文化的表达和熏陶，会产生怎样的化学反应呢？信息技术在语文课堂上曾扮演过一系列什么样的角色？现代科学技术对于语文教学到底产生了哪些方面的影响？这些都将是本文所讨论的主题。

一、现代教育技术在语文教学中的发展过程

"教育技术"一词是20世纪60年代在美国出现的。到了1994年美国教育传播与技术协会发表了西尔斯与里奇合写的专著《教育技术的定义和研究范围》，该书给教育技术提出了一个全新的定义，即"教育技术是关于学习过程与教学资源的设计、开发、利用管理和评价的理论与实践"。

20世纪80年代中期，为了提高教学效率，语文教学中开始使用电化教学手段——利用灯光投影仪和演示的方式辅助教学，以提高课堂教学容量和密度；利用录音机、电视机等媒体辅助，以增强教学的形象性与直观性。由

此，声、光、电进入了课堂，打破了仅靠一支粉笔进行教学的方式，拉开了应用现代教育技术进行语文教学的序幕。

20世纪90年代以后，很多人开始尝试利用计算机制作课件，语文教学开始步入了计算机辅助教学阶段。随着用计算机制作课件工具的增多，制作课件的教师也越来越多，课件也愈加丰富，它不仅代替了投影仪、录音机、放像机的作用，而且增添了不少动画，具有演示性，代替了教师的板演。计算机多媒体技术在语文教学中的辅助作用，大大推进了语文教学手段的现代化进程。

进入21世纪，随着人们对计算机多媒体技术应用于教学的探索，现代教育技术理论和实践日益成熟，校园里成立了完善的计算机网络系统，建立了计算机网络教室。教师与学生可以通过网络互动交流，共享资源。由此可见，古老的语文教学逐渐融入现代化的进程之中。

由此可见，随着现代教育技术的不断发展，其在语文课堂上所占的比重越来越大，也越来越贴近教学过程中的各个方面。现代技术的发展自然是为了方便人们的生活，因此信息技术对于语文课堂的教学势必产生了一系列非同寻常的影响。但这些影响到底涵盖了哪些方面？在加速教学信息化进程中有没有出现一些问题需要人们注意和思考呢？

二、现代教育技术对语文教学内容的影响

我们知道，知识的学习是为了人类的发展，现代科技对课堂的冲击必定会引起课程内容的改革。2001年6月教育部颁布了《基础教育课程改革纲要（试行）》，此后国家用了5年的时间对小学的所有基础课程进行了全面改革，删除了很多陈旧的内容，新增了与现实生活密切相关的知识、与现代科技相连的内容。这在一定程度上体现了语文教学的与时俱进，也能够保证学生所接受到的知识是新鲜的、贴近生活的，而不是陈腐的、脱离了生活实际的。

以上是信息技术对语文教学内容的有利影响，但在这些有利影响背后，仍然有些问题需要我们注意和深思。众所周知，语文教学不仅仅是为了满足日常的交际需要，而更多的是要培养学生对民族文化的认同感和归属感。中华民族五千年文化源远流长，而语文学科更是浓缩着千年文明的精华。现代信息技术对于传统文化无疑是造成了一定的冲击和破坏的。现代信息社会

中，快餐文化大行其道，传统经典逐渐被人淡忘遗弃，而这些经典是语文教学内容里坚厚的基石，更是对学生的人文素养进行培养的最佳范本。但在现代信息社会中成长的学生们，早已经不习惯甚至不明白这些传统文化经典的地位和作用了。

  信息社会需要身心健康的人才，无论在什么社会，人都必须学会生存。生存的最基本条件就是能够适应环境。因此，最基本的生存能力就是适应环境的能力。信息技术加快了整个社会的活动节奏，只有身心健康的人才能在信息社会中生存与发展。近年来美国、日本等发达国家出现的青少年吸毒率、自杀率、犯罪率上升的现象已经为我们敲响了警钟。可见，技术的高度发达可以提高物质文明水平，而与之相适应的精神文明建设则非技术之所能及。教育是塑造人类灵魂的工程，是精神文明建设的主要途径，尤其是语文教学，更要注重教学中的德育作用，为社会培养身心健康的人才是教育的时代使命，也是语文教学的时代使命。

三、信息技术对语文教学方法的影响

  心理学家认为：知识并不是简单地由教师传递给学生，而是学习过程中学习者在大脑中主动地进行建构而形成的。信息时代的学习环境极大地丰富了学生的知识来源，超文本计算机教学软件和互联网信息系统给学生带来了更多的学习的主动性。信息技术和与其相伴随的学习环境必然带来教学方法上的革命。信息时代的教与学的方法将产生根本的变革。

  传统的语文教学方式基本以教师讲学生听为主，这并不是一个好的教学方法，因为任何一种被动的学习方式都无法与学生主动学习相比，在信息时代，学生接受信息的途径和种类都大大增多，这在一定程度上有利于刺激学生的思维，更容易帮助他们形成主动思考和学习的思维。而教师也能够从说教式的教学方式中解脱出来，运用多种方式来引导学生主动思考，变"讲师"为"导师"，通过多媒体课件等多种形式，将学生的思维调动起来，这在一定程度上大大改善了传统语文教学的方式方法。

  但有利就有弊，在信息化改变教学方式的巨大影响背后，同样存在不容忽视的问题。那就是学生学习语文的方式。前文我们提到现代信息技术有利于引导学生主动思考，但语文学科不似数学学科，不仅重思考，更加重感受，学生要学会在字里行间去感受文学的美、人格精神的真和善。而现代信息技术以及其便利性和多样性，使得语文课堂更加丰富多彩，光、声、画随时都能运用进课堂之中，这看起来是在帮助学生更加容易地体会文字。但中华文字之美多是在推敲和琢磨之间，如果学生习惯接受直观画面带来的感受，那么对于文字的理解和感受能力势必就会减弱，这在一定程度上也造成了语文教学过程中的本末倒置。

综上所述，我们可以发现，现代信息技术在语文教学过程中的确起到了难以磨灭的影响，也对语文教学的内容和方法产生了极为深远和有利的影响。但我们更要清醒地认识到信息技术对于教学过程是一把双刃剑，必须学会趋利避害，方能使用得得心应手，也能够使其在语文教学过程中发挥更大的作用。

浅谈注重数学概念的重要性

数学概念是学习数学的核心内容，是基础知识的起点、逻辑思维的依据，是正确、合理、迅速运算的保证。如果学生能够正确理解和掌握数学概念，那么就能灵活解决相关问题。一些学生之所以觉得学习数学非常困难，考不好，最根本、最直接的原因就是概念不清晰，不能熟练地对数学概念进行理解、应用和转化。现如今，一部分教师和学生重解题、轻概念，忽视了对概念的理解，造成了解题和概念的脱节；同时，如今的学生学习浮躁，不能静下心来认真地推导、解读概念，认为理解、背诵概念太浪费时间，不如只关注解题套路，就能应付得了考试，但是，题目稍微变换一下，或者综合一下，就无从下笔了。就如何搞好新课程下数学概念的教学，我从两个方面说一说我的想法。

一、注重概念的理解

数学概念是数学学习的重要内容，我们也认识到概念的重要性，但众多的概念、定律不能仅仅是死记硬背，更重要的是先深刻理解概念的形成、起源。

基于小学生的生理特征：年龄小，推理能力不强，我们可以采取如下方法理解概念的起源和定律的形成过程。

1. 利用旧知识的迁移、转化来理解新概念

数学中的许多概念都与旧知识有着内在联系，我们完全可以引导学生自己将旧知识迁移、转化为新的概念。这样新的概念就不会显得突然，学生也不会觉得那么难。例如，平面图形中平行四边形的面积可以通过切割的方法，将求平行四边形的面积转化为求长方形的面积。再如，求圆的面积我们可以将圆沿直径平均切割，利用化曲成直的方法，将求圆的面积转化为求长

为圆的周长的一半、宽为圆的半径的长方形的面积。

2. 从生活经验中引入数学概念

从学生的生活经验出发，运用学生见过的具体事例去帮助学生理解数学概念。例如，除法的意义有两种，一种是"平均分"，另一种是"包含除"；而余数要小于除数。如果从字面去理解这些概念，学生会不知所云，而且经常会记错，如记成商比除数小等。我们可以借助学生的生活经验，帮助学生理解这些专业术语。

要让学生理解"平均分"的意义，可以举例：将10个苹果平均分给2人，每人能分多少个苹果？要让学生理解"包含除"，可以举例：全班有48人，每6人一组，可以有这样的几组？

要让学生理解余数要比除数小，可以举例：9个苹果，分给3人，如果余数是3，说明还可以再分，直到不能再分为止，也就是只有当余数比除数小，才不能再分，说明余数要比除数小。

3. 对比、区别来理解概念

对比、区别的方法在小学教学中是很好的方法。我们要鼓励学生多用这种方法，找到它们的内在联系，又看到它们的区别，这样概念就更加明确了。例如，学习正方形、长方形的特征时，通过比较就可以明确为什么正方形是特殊的长方形，但又叫正方形。又如，在正比例和反比例的学习中，正、反比例的区别在于正比例是两个量同方向变化，但反比例的两个量是相反方向变化，且正比例是比值一定，反比例是乘积一定。

4. 动手操作来理解概念

在小学教学中，我们不能仅仅靠推理来让学生理解概念，很多时候要让学生通过实践活动来理解、信服。例如，研究圆锥的体积是等底等高圆柱体积的三分之一，我们可以让学生准备等底等高的圆柱和圆锥，准备沙子或水，让学生亲自操作，这样学生才能理解和记住圆锥的体积是等底等高圆柱体积的三分之一。

二、加强概念的巩固

（一）各种形式读概念

刚讲完概念，或者推理完定理、公式后，不要急于解题，因为如果不及时对书面概念进行朗读、背诵，仅仅通过做题巩固，学生只是对概念有一个模糊的感觉，但会忘了很多关键的字。因此要及时对概念进行朗读、背诵。我们可以采取以下手段。

1. 问关键字词的理解

例如"含有未知数的等式叫作方程"这个概念，我们可以问学生："方程的概念中，你觉得哪几个字很关键，为什么？"学生对这个问题会认真地、逐字地想，不但记住了方程的概念，而且会对方程中的关键字有充分的理解：未知数、等式。方程不仅仅是等式，还得有未知数。

2. 趣味性朗读概念

分析关键字词之后，我们还可以加入手势、给概念断句，或者将某些关键字加重音量地读。例如方程的概念：含有未知数的等式叫作方程，可以让学生将"未知数""等式"重读，或者在读到"等式"这里时加入拍掌等手势。这样多读几次，学生就能对概念有深刻的印象。

（二）相关概念归纳、整理，做思维导图

数学是一门系统性很强的课程，其内容是一些结构严密、体系完善的数学知识体系，为了降低难度，平常的教学可以采取循序渐进的方式进行。为了让学生掌握的概念得到巩固和落实，以及为后续概念教学做好铺垫，我们在平常教学中要注重概念的系统化。带学生做思维导图就是一个很好的整理的方式，当学完一章内容后，让学生对这一章的内容进行整理、分类，形成一个知识网络。

（三）用概念解决相关问题

学习的目的就是让学生用所学的内容解决生活中的问题。在学完概念之后要挑一些典型的、有针对性的实际问题，让学生灵活应用概念来解决，如学完圆的认识，让学生用圆的特征来解释为什么井盖是圆的；学完时、分、秒，就让学生结合自己一天的作息时间来加强对时间的认识。

总之，我们要静下心，不要急于求成。我们要重视概念教学，深刻理解知识的形成过程，并逐字逐句背诵概念，避免重解题、轻概念才能使学生更好地学好小学数学。

信息技术融入数学学科的策略研究

21世纪以来，信息技术发展得越来越快，人们也渐渐意识到了信息技术的重要性，因此，信息技术被更广泛地应用在教学中。那么，如何将信息技术融入我们的教学，如何更好地服务于我们的教学，就成了广大人民教师迫切想求得答案的问题。

在评价一节融入信息技术的课时，我认为应该主要考查信息技术的应用对学生的学习和发展是否有效、应用比例是否适度。由于我国各地经济发展不均衡，因此各地的信息化进程也不一样，如果利用低成本的技术就能达到相同的或者更好的教学效果，就不要脱离实际地一味追求技术奢华。我认为信息技术要服务于教学，而不能喧宾夺主。经过了几年的教学，我对信息技术如何更好地融入数学学科有了一点自己的浅见。

一、创设情境策略

一节数学课是否有效、是否成功，很大程度上取决于学生对教学内容的兴趣。那么如何调动学生对教学内容的兴趣呢？课堂的引入很重要。创设一个有趣的情境导入，容易引起学生的注意，激发学生解决问题的兴趣。传统教学中，有趣的情境创设仅仅局限于教师的口头叙述以及课本上的情境图片。但在信息万变的21世纪，在一个时时接受信息刺激的时代，学生对传统教学中的情境刺激不会感到新鲜、感到有趣。因此，利用信息技术创设有趣的情境，能够激励学生主动学。例如，对于学习最小公倍数这一课，有教师是这样引入的：把猴子的身子放在一个八边形里，尾巴放在一个六边形里，到底要翻滚几次，猴子的尾巴才能接上呢？这个问题既生动又形象，学生立即展开思考：我需要翻滚几次尾巴能接上？这里面有没有规律？有趣的情境引入，容易激发学生思考的兴趣，创设一个成功的开头。

二、模拟现实策略

数学是一门抽象的学科，又是一门贴近生活的学科。著名数学家华罗庚说过，人们对数学早就产生了枯燥乏味、神秘难懂的印象，成因之一就是脱离实际。根据小学生的认知特点，我们在讲授数学课时，千万不能把数学抽象化，而要根据他们的生活经验，把抽象的数学知识转化为实际的、可想象的数学内容。常规的数学课堂由于受到了时间和空间的限制，不能让学生应用知识解决实际问题，从而也限制了他们把数学应用到生活的能力。对此，我们应该根据小学生的认识特点，根据他们的生活经验，根据他们对周遭事物和现象的好奇心，利用信息技术，给学生呈现一个模拟现实的学习环境，让学生在其中体验并学习。

三、化静为动策略

在传统课堂教学中，教学辅助手段通常都是卡片、挂图、图片、模型、板书，一般以静态的形式呈现。在信息技术飞速发展的今天，以静态的图片呈现课堂也是可以的，但是，当遇到晦涩难懂的数学知识时，动态的过程展示将起到事半功倍的效果。而且，动态的效果能一下子吸引住学生的注意力，能够让他们更快地参与到课堂中来。化静为动，既能够活现学习内容，又能再现知识的形成过程，从而达到突显感知目标、优化感知效果、提升感知能力的目标。在教学圆柱表面积这一课时，教师如果只是用图片的方式来引导推出圆柱表面积公式，学生可能会觉得模糊、抽象。但是如果动态地展示圆柱的侧面图，学生就能够理解得更透彻，印象也会变得更深刻。

四、知识点切入策略

由信息技术切入知识点，可以更直接、更有效地揭示、阐述、展开、归纳和总结所学内容。在小学数学教学中，可以利用信息技术切入的知识点很多。教师可以整理出这样的知识点，根据知识点制作微课视频，并资源共享。由信息技术切入知识点，学生学习的时候不会再受到时间的限制，他们可以当场系统地、迅速地获取知识，也可以在课后观看视频，巩固知识。教师也不必再按部就班、一步一步展示知识点的内涵、概念和延伸。信息技术与知识点的结合，让学习变得更高效、更系统。例如，认识平行四边形这一课，就可以由知识点切入。平行四边形的认识包括平行四边形的意义、特征以及平行四边形的底、高和面积。这一课可以先用计算机出示平行四边形的实物图信息，再动态展示平行四边形的对边是平行的，反过来，动态展示两对平行的线可以构成平行四边形，从这两方面抽象出平行四边形的性质，即平行四边形对边平行。利用信息技术，还可以直观地展示求平行四边形面积的原理。在计算机上动态演示切割平行四边形，移动平行四边形从而变成长方形的这样一个过程，能够帮助学生直观理解求平行四边形面积的公式。

五、网络交互策略

在传统的教学模式中，学生学习新知识只能局限于课堂，他们成了被动的参与者，他们的学习受到了时间和空间的限制。而在信息技术飞速发展的今天，他们不用再受到这些因素的限制。教师可以根据教学目标和知识点，对教材进行分析处理，找出或设计出教材的延伸点、拓展点、信息点，再利用多媒体网络的交互功能，让学生在家里就可以学习。在多媒体上学习，学生可以在任何空间、任何时间学习。此外，信息技术设计的有趣而丰富多彩的画面可以吸引他们主动学习。例如，计算对小学生的数学学习很重要，但是却又让他们觉得很枯燥，因此，我给家长们推荐了计算网站和软件，令人欣慰的是，这些多媒体平台通过娱乐的方式、有趣的情境确实成功吸引了学生。除了计算网站以外，我还搜索了几个学习网站并推荐到QQ群上，学生可以利用周末时间在网上自学课本上学不到的知识。

综上，将信息技术融入数学学科可以采用以下5个策略：创设情境策略、模拟现实策略、化静为动策略、知识点切入策略、网络交互策略。在教学中，采用这些策略，可以提高学生学习数学的兴趣，化被动学习为主动学习。利用这些策略把信息技术融入数学学科中，还可以不受时间和空间的限制，让学生们在任何时间任何地点都能学习，还能够提高学生的学习效率，化抽象为具体、化静为动、化繁为简。信息技术对数学教学的作用很大，因此如何利用信息技术更好地服务于我们的教学仍然是一个很值得思考的问题。

严谨的数学语言　灵动的思想火花

——巧妙运用教学内容训练低年级学生的数学语言

学生的学习过程离不开思维活动，而思维活动又可以凭借语言来展现的，语言表达的准确、完整也反映了学生思维的准确性和完整性。在数学课堂中经常出现学生会做不会说的现象，尤其一年级的学生，由于生活经验少、语言表达能力弱，在老师提出问题后更容易出现冷场现象，甚至凭感觉解题。究其原因是没有清晰的思路，不能用准确的语言表达自己内心的想法。小学数学教学中数学语言训练有助于提高学生的思维能力，对数学语言的训练，在小学阶段既是一个重点也是一个难点，数学语言贯穿整个教学过程并有机地渗透到教学的各个环节。语言是具有一定的形、音、义的符号系统，数学语言就是表达数学关系和形式的符号系统。在学生进行抽象思维的过程中，数学语言充当着第一信号系统的感性刺激物，起着其他信号无法替代的作用。在数学思维过程中，学生正是用数学语言进行逻辑思维的：用数学语言来凝结某一概括性结论，形成概念；用数学语言来凝结某一判断性结论，做出判断；用数学语言来凝结某一序列性结论，进行推理。发展学生的数学语言是培养学生思维能力的关键，也是提高数学教学质量的重要手段，更是落实《义务教育数学课程标准（2011年版）》的需要。

一、看图画，学说数学语言

1. 利用情境图，训练数学语言

北师大版数学教材最大的特点是每一节新课都会有一个情境图。所以在开学的第一课《可爱的校园》，我就紧紧抓住说的训练，让学生按从上到下、从远到近的顺序观察图中的内容。开始学生只会说一句半句话，没有关系，老师可以慢慢地教，先从学习说话开始。找说得好的学生说，做好示范，再找不太会说的学生学着说。这样慢慢地训练，学生就会说得比较完整了。例如，第二课《快乐的家园》，有的学生只会说小鸭子有5只，我会引导他说，哪里有小鸭子呢？学生就会说：河里有小鸭子。师：那你能不能把这两句话连起来说一遍？生：小河里有5只小鸭子在游泳。在老师的引导下，还有的学生说，在蓝蓝的河水里有5只小鸭子快活地游着。你看孩子们说得多好呀，关键在于教师的引导和指引，让孩子先学着说数学语言。

2. 利用看图列式，训练数学语言

一年级有很多看图列算式计算的题目，这些题目看似简单，只要列算式就可以了，可这些题目也是为以后学习图文结合的题目打基础。所以说清楚图上的意思是很重要的。每一幅图我都会要求学生先说说图意，再列式计算。例如，第一册第28页的一道看图片列式题，要求说清楚每一张图片的含义，只有看懂图的意思，才能真正明白用什么方法计算。经过长期训练，学生的观察范围扩大了，不会只局限观察一个条件，大大提高了阅读能力以及语言表达能力。

二、操实物，感悟数学语言

一年级有很多动手操作的活动课，大多数教师只注重动手能力的训练，忽视了学生思想表达的训练，当学生亲身体验过后，每个学生的感觉是不同的，这正是训练学生说的最好时机，把每个人的感受说出来，说清楚、说明白，这是在其他训练方式上又提高了一步，也是一种抽象能力的训练。例如，学习认识立体图形这一课，我让学生在充分动手去摸、去玩的过程中感知它们的特点，然后让学生说一说对这个物体的认识，很多学生说得非常好，如在说球的时候，有的学生说："我摸着球的表面是滑滑的，不像正方体是扎手的，一个面是平平的。而球可以在我的手心里随意滚动。"这就是学生对曲面的感知，说得多好呀！还有的学生对圆柱体的认识是侧面可以滚动，上下两面是平平的，两侧是弯的。这些感受，只有在学生亲身体验之后才能说得如此精妙。一年级的学生能不受外界知识的干扰，直接表达自己的感受，这才是最真实的。如果不是长期进行语言训练，学生也不会在操作中感悟数学语言，说出如此细腻的感受。

三、做游戏，玩转数学语言

在学生语言培养的初期，要培养学生能说、会说、爱说，数学游戏是最好的训练载体。一年级有很多"猜一猜"的题目，我会让学生在对话中发展自己的语言能力。比如在学习认识数、位置与顺序等内容时我都会设计一些小游戏，让学生在游戏中不但掌握数学知识，同时还培养数学语言。例如，在学习《前后》这一课的时候我设计了"猜一猜"的小游戏，让同学们猜一猜自己喜欢的小动物是什么。一个学生说："在赛车的跑道上，我喜欢的小动物在小熊的前面，在小兔的后面，请问我喜欢的小动物是什么？"学生们都积极举手，都想让他叫自己回答，有的孩子把手举得高高的，生怕看不到他的小手。回答问题的学生说："你喜欢的小动物是小狗，对吗？""你回答得很正确。""谢谢！"在这种生生对话中，学生不但学习的积极性增强了，在开心的游戏中还训练了数学语言。又如，在一年级下学期认识了100以内的数以后，为了让学生深刻理解数的含义，我设计了这样的游戏：一个学生心里想一个数，让其他学生问一些问题，这个学生只能回答"是"或者"不是"，看大家能不能很快地猜出这个数是多少。问的问题要有利于后面的同学来猜，把范围缩得越小越好。刚开始，有的学生没有找到要领，有的问题别人提示得很好了，他又提一个作用不大的问题，白白浪费了一次机会，要问十几次才能找到正确的数，后来玩的次数多了，有些学生就开动脑筋想办法，他会这样问："这个数是大于20小于60吗？"是或者不是都可以帮助大家缩小一半的范围。孩子们在游戏中开发了智力，提高了能力，通过做游戏玩转数学语言。

四、学编题，升华数学语言

在一年级有计划的常规训练中，学生的语言越来越完整，表达更清晰、更准确。在此基础之上，二年级的教学内容又提高要求，在编题的训练中，才更能完整地展示学生数学语言的准确性、完整性。例如，二年级有一道题：请你说出两个能用3×4解决的问题。之前都只是让学生解决问题，现在要让学生编写一道完整的题目，如果没有前面多种类型的训练，学生很难完成这项任务。但这对于我们班的学生不是很难的一件事，关键是能否做到从不同的角度来编这道题，两道题目不雷同。这道题目不但训练学生找到用乘法算式解答的题目，还要知道哪些生活中以及学过的、见过的题目中有这样的素材可以用。很多学生善于观察、善于用脑，会照着课本上"买东西"的题目编写，也有的学生是这样编的：一个三角形有3个角，4个三角形一共有几个角？另外一个学生受到了启发：一个正方形有4条边，3个正方形有几条边？这样的题目扩大了学生的视野，思维在无限放大，虽然对于后进生还有一定的难度，但只要抓住机会长期训练，学生都会很好地完成这项任务，在这种编题的训练中升华数学语言。

　　总之，学生的语言表达过程反映的是学生的思维过程，在数学课堂上加强学生的语言训练能提高学生思维的逻辑性、准确性、灵活性。数学语言训练要由易到难，由浅入深，由点到面，长期进行，挖掘教材优势，以科学严格的语言训练来调节思维，以达到训练的目的，不断提高学生的思维能力及灵活性。把握时机为学生提供语言表达的机会，循循善诱，应用多种方法相结合培养学生的语言表达能力和运用能力，使学生养成科学使用数学语言的良好习惯。从一年级到六年级，我对学生的这项训练一直没有中断。孩子们在四年级的时候参加了全国教学质量检测，这是一项以学习能力为主的测试，孩子们各方面的表现都很突出，在年级中脱颖而出。六年级下学期，为了能和初中有很好的衔接，我让孩子们自己当小老师，给同学们讲课。由于经过长期的数学语言训练，他们当起小老师来游刃有余，很有老师的风范，教学效果非常好，得到同学们的认可。在第一届南山区数学展能大赛中，我所教班级的学生成绩突出，分别获得一等奖和二等奖。正是有这样的长期训练，孩子们才有这样优异的成绩。我会一直利用不同的教学内容，通过不同的教学方式对学生进行严谨的数学语言训练，使孩子们能说、会说、爱说，让孩子们爱上数学、玩转数学。

运用综合材料进行儿童绘本创作的意义

在国家推行创新教育的大背景下，我校美术课以美术新课标的理论为指引，响应学校"个性生动，小学大成"的办学理念，本着"以生为本"的教育信念，大胆尝试以综合材料为媒介、学生绘本创作为内容的美术特色校本课程开发，有效促进了学生动手操作能力和美术创作、想象能力的提升，还使学生掌握了美术能力之外的解图能力和书面语言的表达等综合能力，具体如下。

一、运用综合材料进行儿童绘本创作，符合学生兴趣

孔子曰："知之者不如好之者，好之者不如乐之者。"要想让孩子学会什么，首先得让孩子喜欢，喜欢了才能主动去学、长期去学。著名绘本作家郝广才认为，"绘本是最好的玩具"。对于孩子来说，有什么比玩具更能吸引他们的呢？故事能倾入孩子们的内心世界，深深打动孩子们，而孩子们也会乐于用故事表达内心。在长期的美术教学中，我发现了几个普遍的现象：①美术课每次采用绘本故事导入时，教室里通常鸦雀无声，学生个个聚精会神；课间，总能看到许多学生手捧图画书细细品味；美术课上也总能看到有学生用作业本打格子画故事。②美术课上经常变换画材进行创作，如今天树叶、明天报纸、后天彩泥等，相对于单一的画材，学生会表现得兴趣更加浓厚，特别是高年级的学生，对于渐渐对美术降低兴趣的学生来说更是一种契机。此外，几年来，我校美术课着力于废旧材料的绘画创作研究，已经具备了一些经验成果。综合材料的儿童绘本创作，只需要将原来的研究框架进行取舍、添加，再将绘本知识与之重新整理组合，就能顺利开展。可见，运用综合材料进行儿童绘本创作，能从学生实际出发，满足学生的喜好（见图3-1、图3-2）。

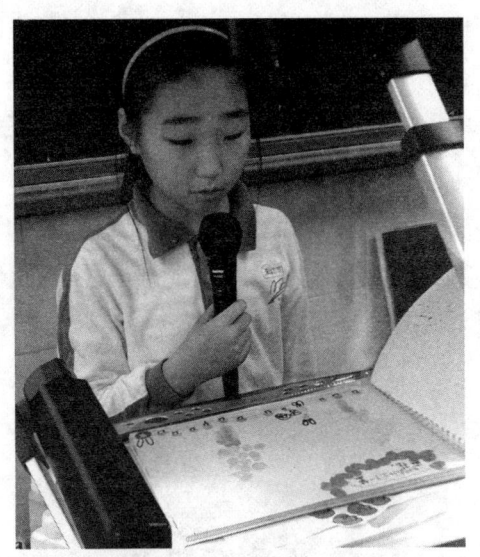

图3-1 绘本故事会

图3-2 《刘阿婆和她的孩子们》绘本封面

二、运用综合材料进行儿童绘本创作，具有材料开发及环保的意义

综合材料，就是存在于生活中所有材料的总体名称，如报纸、麻绳、布头、画报纸、扣子、彩泥等；综合材料绘本，就是将单一材料或多种材料组合使用的绘本。从绘本的题材看，有讲友情的、讲亲情的、讲勇敢的、讲生命尊严的、讲自然和环境的等。绘本的表现手法也是层出不穷，或水彩，或素描，或手绘，或线描，或剪贴，给孩子们呈现了一场场美不胜收的视觉

飨宴。从材料的广度来说,综合材料定义宽泛,开发的空间非常宽裕。将综合材料运用于绘本创作中,能够刺激学生的感官,激励学生从生活中发现、收集材料。从环保的角度看,当今社会大力提倡绿色、环保、重复利用,综合材料中又包含着废旧材料,在学生收集材料的同时,对学生的环保意识起到了潜移默化的作用。针对以上情况,抓住综合材料这个着眼点,培养学生对美术的兴趣,丰富学生的想象力,培养学生热爱生活、爱护环境的优良品质,可谓势在必行(见图3-3、图3-4)。

图3-3 我爱画画

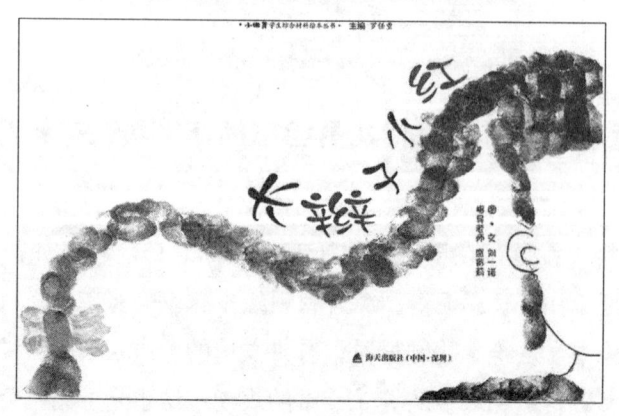

图3-4 长辫子小红

三、运用综合材料进行儿童绘本创作，跨越了年龄局限

绘本诞生于19世纪后半叶的欧美地区，在亚洲，20世纪50年代，日本的绘本开始起步，70年代崛起，目前日本已成为绘本的泱泱大国。我国台湾地区的绘本大致从20世纪60年代后期开始起步，至80年代后渐入佳境。而大陆的绘本目前仅为起始阶段，换言之，我国的儿童绘本创作还处于极少人群的创作阶段，更甚者，仅限于著名绘本作者的创作，小学生成为绘本作者的前例却极少。小学生虽然能力有限，但却拥有充分的想象力，很喜欢表达，喜欢编故事（见图3-5）。由此看来，在学生中进行绘本创作教学，能够跨越年龄局限，鼓励孩子大胆实践。

图3-5　学生专注地读绘本

四、运用综合材料进行儿童绘本创作，实现了学科间的整合

综合材料绘本创作属于综合性美术，更宽泛来讲，好的绘本已经超越了仅仅作为美术的范畴。从绘本故事的内容看，涉猎的范围极广，可以是美术类、数学类、科技类、音体类、语言类等，包罗万象。例如，学生创作的绘本《小汪学芭蕾》（见图3-6），就是讲述有关跳舞的励志故事，从美术的角度看，全书以折纸为形象，读者在阅读的同时，还能就折纸的方法进行钻

研；从音乐的角度看，绘本起到很好的激励作用；从语文的角度看，故事情节的编写和内文的设计，有利于提高学生的语言表达能力和写作能力。

图3-6 《小汪学芭蕾》绘本封面

五、运用综合材料进行儿童绘本创作，具有无限的拓展空间

综合材料绘本除了具有丰富多样、生动有趣的特点，还是值得延伸的"火种"，根据学生创作的绘本作品，可以讲故事，可以表演绘本剧，可以用于学校电视台播放，可以制作成动画片，还可以利用这些资料组织一些有意义的活动（见图3-7）。绘本小作者经过趣味的创作过程和成果体验过程之后，能够体会到无比的成就感，对于学生人格的发展具有深广的拓展意义。作为研究者的教师，科研能力也在实践过程中得到了提升。同时，将综合材料儿童绘本创作作为美术校本课程开发项目之一，除了形成课程体系外，学生的绘本创作成品还能成为学生们相互传阅的本土书籍，对于学生、学校都意义非常。例如，我曾经将学生创作的绘本故事《大妈妈和小女儿》（见图3-8），用于以母亲节为内容的美术课导入环节，孩子们被故事深深感动，同时将作者表现大妈妈的大和小女儿的小的夸张手法，大胆用在了自己的画面中。

图3-7 "讲自己的绘本故事"

图3-8 《大妈妈和小女儿》绘本封面

"听故事长大的孩子聪明,创造故事的孩子能主宰未来。"带着这个期待,运用综合材料进行儿童绘本创作,坚持做下去,受益的不仅是孩子,还有那些与绘本创作有关的所有人。

立足艺术本体语言，感悟人物形象

绘画艺术对人物的特点或思想品格描绘较为含蓄，常通过人物的外貌衣着和肢体语言反映人物的性格特点或思想品德。结合作品中人物的外貌衣着和肢体语言，不仅有利于学生走进人物、感悟人物，也能让学生感悟人物的性格特征，引导他们独立观察与思考，从而引起内心的激动和情感的共鸣。岭南版小学美术第十册第一单元主要是以"审美与情感"为主题的课程，属于"欣赏·评述"学习领域，教学重点是引导学生从中外绘画、雕塑作品中把握人物情感表现的细节特征，包含中国美术作品中人物的情感表现、外国美术作品中人物的情感表现。下面，我将以这一单元为例，谈一谈指导学生感悟人物形象的策略。

一、品读几何构图，丰盈人物形象

在绘画艺术中，形象的第一意义是大势大形——大势是立意决定的，也是构图的主要形象；形象可能是单人造型，也可能是多人造型，可能是人与物的形，也可能是人与景的形。人物形象每一个构图都是画家的精心设置和安排，不能随意取代。他们组合所造成的冲击力也是由主题要求决定的。一幅艺术作品，通过运用这些形象构图，可以起到烘托环境气氛、刻画人物性格、揭示主题思想的作用。指导学生观察作品的时候，应该有意识地引导学生寻找构图细节，从而使学生深入感悟人物形象，领会作品内涵。

《流民图》是用几何构图形象表现人物形象的，这是本课的一大特色。为了使人物形象在学生心目中立体起来，我采用了让学生主动探索的学法，先让学生找出打动自己的人物，再对其人物形象组合进行基本的几何形状比对。如图3-9所示，以不稳定的菱形构图，揭示作品的主调，分析人物性格和情感表现，让作品中母亲悲伤麻木的人物形象深深地印在学生的心中。

图3-9 蒋兆和的《流民图》

二、品味人物细节，感受人物形象

"相由心生"，人物的肢体语言和衣着特点，能够彰显人物的个性特点，能够表现人物的思想情感。本单元中的《查波罗什人写信给土耳其苏丹》是俄国19世纪著名画家列宾的作品，描绘的是查波罗什人给苏丹回信的场景。这幅作品通过各种各样的衣着和肢体语言，塑造了各种不同身份、不同性格的人物形象以及他们嘲笑苏丹时的不同表情。

作品中每一个人物的动作、每一件衣服的小细节都是各种不同人格的真实写照。在教学的过程中，我紧扣人物的动作、衣着，带领学生感受人物形象。为了让学生观察得更仔细，我引用了一张与《查波罗什人写信给土耳其苏丹》相似的画作，以对比的方式，帮助学生感受每一个鲜活的人物形象。在图3-10中我们可以看到，无论是人物的面部表情还是基本的衣服配饰都是十分相像的，但是在仔细观察后，我们发现两者在衣领和动作上都存在着细微差异。这种细微差异表现出了两种截然不同的性格特征，敞开的衣领装饰比整齐的衣领装饰更能表现出人物性格中的豪迈和阶级特性。当学生有了示范的积累，再次自主解读其他人物形象的时候就会产生强烈的审美期待，此时提出教学任务，能够让学生处于积极的学习状态，并且取得良好的反馈效果，有利于更深入地感悟人物形象。

图3-10 列宾的《查波罗什人写信给土耳其苏丹》

三、紧扣主题线索，体悟人物形象

欣赏艺术作品时，我们要善于站在画家和作品中人物的立场去思考问题，透过作品主题去体味每一个人物形象所蕴含的深层含义，理解画家要向观众传达的真正含义，从而读懂艺术作品。

《查波罗什人写信给土耳其苏丹》以各种不同性格的人物形象描绘出一群英勇善战、不畏强暴的查波罗什人，在首领的授意下，用尖刻、嘲弄的语言给苏丹回信，拒绝土耳其要求的情景。

在欣赏这张作品的时候，我引导学生围绕画面中的信，把自己代入人物场景中，引导学生感受场景中人物的情感波动，使学生进一步体会查波罗什人的羞怒情感。在模仿的过程中，引导学生运用语言策略进行表达。

四、借助课外资料，提升人物形象

艺术品本身具有很丰富的教学资源，但艺术品本身并不是唯一的教学资源，教师如果一味带领学生就画论画，局限于画面欣赏，有时候会丢掉艺术品本身所蕴含的东西。在教学实际需要的情况下，有效的课外拓展能起到反哺的作用。

雕塑作品相对于绘画作品而言，对人物情感的描绘更加内敛，不利于小学五年级学生的理解，对于此类作品的解读，我们可以适当地借助课外资料，从作品的背景来解读分析作品。例如《加莱义民》，我先让学生课前预习相关资料，借助这些资料，在课堂拓展的过程中，加莱义民的形象更加丰满和高大。

　　以本单元人物形象欣赏的教学实践为例，试图寻找感悟人物的策略，是希望通过笔者笨拙的探索，努力将封闭、静态的欣赏课转向开放、充满活力却又向着教育目标不断接近的共生教学，进而在人物形象与情感表现感悟之间寻找到链接点，架设桥梁。

第四章 "融"——课程的叙事悟道

可爱的他们

学困生是指那些智力正常，但由于非智力因素造成学习困难的学生。能否做好学困生的转化工作是衡量教育成败的一个重要标志。新课程标准要求教师关注每一位学生的发展。因此，做好学困生的转化工作，让每一位学生都得到应有的发展和提高，是落实以人为本教育理念的具体体现。

学困生的心理是脆弱的，唯有动之以情，用爱心、耐心、关心去化解学困生心理上的坚冰，唤起他们学习的信心，才能取得较好的教育效果。下面是我所教的一个学生的转化过程。

一、案例分析

接手这个班是从五年级开始的，这个班和以往的班级有所不同，以往我所带的班级，成绩差的都是男生，而这个班，成绩垫底的是两个女孩子，米米（化名）就是其中的一个。有经验的老师告诉我，女生成绩差比男生成绩差还难补救。男生成绩差一般是因为调皮、贪玩，只要改掉调皮、贪玩的习惯，成绩就能上来，而女生成绩差就是天生的智力问题了。真的是这样吗？看着她们卷子上的十几分、二三十分，我心里暗暗叫苦。

可是，看着这两个女孩子清秀、开朗的样子，我觉得她们真的是不笨的，不仅不笨，还很聪明。我决定改变她们。

我发现，米米上课还是比较专心的，还在校外报了补习班，很注意课前预习，只是因为基础不好，成绩一时还未上去。但真的只是因为基础不好吗？我发现不是这么简单。经过观察我发现，米米的问题在于：①阅读能力差，这从语文课写作文时经常写病句、错别字就能看得出。②情感丰富、早熟，听学生反映有早恋现象，在课堂也确实看到她对一个男生有好感，容易脸红。③性子急，容易因为一点小事就和同学吵架。如果说第一点属于智力因素的话，那么后两点无疑属于非智力因素。非智力因素对她的学习成绩影响更大。

二、个案处理

为此，我采取的措施是：首先，让米米和班长——一个品学兼优、大大咧咧的女生一组，让班长多多帮助米米提高成绩。同时，班长大大咧咧的"女汉子"性格也会在无形中影响米米，使她不再那么敏感，使她眼光放长远，不至于在一些细微的情感中难以自拔。其次，找她聊天，多了解她。我经常利用课间、放学做值日等时间和她聊天，话题包括最近觉得学习怎么样？哪些地方有困难？早餐吃的什么？谁送你上学？……慢慢地，我发现米米变得爱和我亲近了，大老远见到我就会叫着"老师"迎上来，课间还经常主动到我办公室找我聊几句；学习的热情更加高涨，作业更加工整；还主动问我："老师，什么时候考试啊？"我知道，她是想迫不及待看到自己成绩的进步。当然，我还为她推荐了一些课外读物，以增强她的阅读能力。

在一次班会节目排练中，我发现了米米的强项——跳舞。她擅长跳舞，同学们说她二、三年级就被挑选出来参加学校舞蹈小组了。但这是五年级的班会，并且又快到期中检测时间了，米米的成绩不怎么样，我担心会影响她复习。但她是那么喜欢舞蹈，又被大家极力推荐，看她的眼神，如果没被选上会很失望，我最终决定让她参加排练。实际上，被信任的热情会激发她对学习的热情。我发现，她学习更加专心了。

果然，米米没有因为跳舞而成绩变差，相反，成绩还进步了，第一次考了76分。米米兴奋地朝我笑着，同学们也对她刮目相看。连那个敢言的小班长都说：老师，您太厉害了，米米从来没考过这么高的成绩！

凭借实力，米米再次被学校舞蹈小组选中，参加了区级大赛，为学校争得了荣誉。

三、案例反思

许多研究认为，在决定一个人将来能否成才的诸多因素中，智力因素仅占20%，而非智力因素占80%，语文学习也是如此。加德纳的多元智能理论也认为：挖掘和发现每个孩子的不同天赋，使他们最终获得成功的体验，是教育的可为之处。

很多时候，我们的评价方式过于单一，总是以成绩的好坏来判定一个学生的优劣，从而压抑了学生的天性，阻断了其智能发展。在实际的教育教学中，我们要让学困生发现自己至少有一个方面的长处，用师爱鼓励他们、关心他们，做学困生的良师益友，发展他们的优势智能，激发他们向上的热情，从而带动其劣势智能的发展。

是的，每个学困生都有自己的可爱之处，我坚信这一点，尤其像米米这样的孩子，多么可爱！

老师，你是最喜欢我的！

镜头一：

放学时，在学校门口，李老师在与一个男孩的家长谈孩子在班上的表现，因为他上课吵闹，影响其他同学。老师正在苦口婆心地和家长说着，谁知那个男孩冲过来一边拉走家长，一边毫不领情地朝老师大吼："不用你管我，多管闲事！"李老师满脸无可奈何地呆立在学校门口，看着孩子气鼓鼓地走远了。

镜头二：

还是放学时，还是在学校门口，李老师和那个已经读五年级的男孩边走边聊天，表扬他作文写得不错。男孩笑容灿烂地对李老师说："老师，你是最喜欢我的！"李老师一愣，随即也点点头说："对，我是最喜欢你的！"男孩笑得更欢了，带着笑容走远了。

镜头里的男孩是我们班的小东，大家都叫他"老虎东"。为什么叫他"老虎东"？原因有三：一是与同学玩游戏的时候，不能输，输了就发火、打人。二是老师要是在课堂上批评他，他准能一节课都怒气冲冲地和老师唱反调，扰乱课堂纪律。三是他在运动场上绝对是一名吸引人眼球的虎将。跑得比风还快，骨骼的律动仿佛老虎在原野上歌唱；足球踢得超级棒，每次都会带着球像猛虎一样冲向对方的球门。

无意中看到这样一篇哲理短文：一个渔夫无意中从海里捞上来一颗珍珠，晶莹圆润，渔夫不胜欢喜。后来他发现这颗珍珠上有一个小黑点。渔夫想要提升这颗珍珠的价值，便想去掉那颗小黑点，使珍珠看起来完美无瑕。然而当他剥掉一层后，黑点还在；他又剥掉一层，黑点还是在……等剥完之后，黑点不在了，而珍珠也没有了。

面对这样有个性的男孩——"老虎东"，我，是那个渔夫吗？不，身为男孩的老师，我知道小东天性争强好胜，不好好驯服他，他就会让整个班级不得安宁，和这个同学打架，把那个老师气哭。身为老师，我知道，如果找到一个合适的切入点，走近他的心灵，和他成为朋友，让他发挥自身的优势，他一定能成为班里的得力干将。我，决定要驯服这只"老虎东"。

一、家校沟通，了解孩子情况

"知己知彼，百战不殆"。要想真正驯服小东，我得了解他的日常生活状态。通过与小东妈妈交流，我知道小东的妈妈也是老师，平时没有多少时间陪他。小东的日常生活主要由爷爷管理。而老人就这一个宝贝孙子，不管是在家里，还是在外面，谁也不能说小东，谁说小东的不是，爷爷就会和谁吵架。因此，爷爷在小区里没少和别人吵架。为此，小东的妈妈也非常头痛。

为了孩子的个性正常发展，我和小东妈妈商量，让她与爷爷好好沟通，让爷爷正确对待孩子的优缺点。父母在管教孩子的时候，爷爷也不要插手。因为孩子已经长大了，他必须学会与人相处，才能更好地融入学习生活中。

二、走近孩子，放大闪光点

"亲其师，信其道"。为了让小东愿意听我的话，愿意接受我的教育，我首先得让他喜欢上我。小东喜欢运动，足球踢得特别好，这是一个很好的切入点。

在"校长杯足球赛"中，我让小东当前锋，鼓励他发挥自己的优势，为班级争光。果然，"老虎东"确实厉害，好多次都给了对手有力的攻击，几个漂亮的进球都是他踢进去的。足球赛后，我特意开了一次班会，大力表扬小东为班级争光，让大家给他热烈的掌声。在掌声里，我看小东的眼睛里闪动着明亮的光。

三、找准契机，走进孩子的心灵

四年级开学，我突然发现小东一改平日的活泼好动，上课不说话，下课也不闹，总是安安静静的。从他的日记里我了解到，原来他的爷爷回老家了，日记里全是对爷爷的思念之情。也难怪，从小由爷爷陪伴长大，爷爷平时护着他、宠着他，突然离开，孩子肯定会非常不舍。

我找来小东，问他："爷爷回老家了？"小东眼里立刻泪花闪动，但嘴角还在倔强地扯着笑："对，妈妈说我已经长大了，可以自己照顾好自己。"我说："对啊，你已经长大了。而且这一段时间，我觉得你比平时更棒呢！"他凑近我说："老师，你别告诉别人我爷爷回老家了。"我问："为什么？"他说："爷爷走了，在小区里别人会欺负我的。"哈哈，这个老爷爷，走之前还要吓唬孙子。我对他说："别多想，好多小朋友都是自己在小区里玩，不都挺好的吗？爷爷走了这么长时间，你都生活得非常好。老师还觉得你比以前更懂事了。加油，让自己更棒，也让爷爷放心，好吗？还有，老师决不告诉别人爷爷走了。从此以后，我就是你的坚强后盾，如果有什么事情，你来找我帮忙。""老虎东"高兴地点点头。

四、以爱换爱，成功驯服"老虎东"

从此，我和"老虎东"有了共同的秘密，因为这个秘密，孩子更加信任我了。在课堂上，小东发言特别积极，我经常表扬他。小东貌似小老虎，实际上内心情感非常细腻，每次作文总有打动人的句子，因此，他的作文常常被我当作范文在班上朗读。运动会上，我为他的奔跑加油、助威。其实，这些都是一个老师对待孩子的教育常态。而在小东看来，我是非常喜欢他的，像他的爷爷一样爱他、宠他。

一天放学，我边走边和小东聊天："小东，这次作文写得真好！继续努力，少写错字，文章会更好！"小东回答："好啊！"突然，小东仰着头对我说："老师，你最喜欢我！"我问："何以见得我最喜欢你？"他说："反正你最喜欢我！"我一愣，马上笑着说："对，我最喜欢你！""老虎东"带着一脸的满足走远了。看着他走远，我得意地笑了：哈哈，这只"小老虎"被我成功驯服了。

面对一片沙滩，也许你现在看到的还只是沙砾，但沙砾当中也许会有珍珠；也许你看到的只是黑点，但黑点不过是珍珠上的一抹伤痕。每个孩子都是一颗珍珠，每颗珍珠上也许都有一些黑点。作为教师，不仅要看到黑点，更要看到珍珠。作为教师，我们不仅要去发现孩子们身上的闪光点，更要扶孩子走过人生的坎坎坷坷。孩子们，身为你们的老师，我愿用我的爱，为你们打开飞翔的翅膀，目送你们展翅高飞，遨游在属于你们的天空。

你是一颗星

所谓后进生，指在学业成绩和思想品德方面均暂时落后的学生，后进生又大致可以分为两种：一是思想和成绩都差的"双差生"，二是只有成绩差的"单差生"。他们的典型特征是求知欲不强，学习能力较低，意志力薄弱，没有良好的学习习惯；自卑，多疑心理和逆反心理严重；缺乏正确的道德观念和分辨是非、善恶的能力。作为教师，就必须把爱无私地给予给学生，尤其对后进生，应给予更多的关怀和爱护，找准教育的最佳切入点，从每个后进生的实际出发，采取灵活多样的教育方法，树立后进生学习和生活的信心。

唐某某是我们班的一名男生。他虽然不笨，但学习习惯极差，书写极其缓慢，上课注意力不集中，几乎天天上课都要影响其他学生听课，或者上课精神恍惚，家庭作业经常不完成。基于他的情况我找到了以下几个原因：

（1）家庭原因。唐某某父母不生活在一起，妈妈在老家，爸爸经常加班，只有爷爷（没读过书）带着孩子。

（2）社会原因。唐某某年龄尚小，辨别是非的能力差，有时大一点的孩子会带他去附近的网吧打游戏。

（3）个人原因。唐某某自身智力低下，自我约束能力不强，荒废学业。

基于以上原因，我制定了如下转化对策。

一、亲其师，信其道，发掘他身上的闪光点

我将关心他的生活作为突破口，利用课余时间和他聊天，问问他的生活情况，同时，经常谈谈他的学习情况、作业中的疑难地方，利用课余时间给他辅导，使他感受到我们之间关系融洽，没有隔阂。上课的时候，我鼓励他大胆地说，说错了也没关系。唐某某开始还不怎么举手，后来，我经常鼓励

他，先让他回答一些简单的问题，对他每一次的提问或正确的回答都给予评价，慢慢地树立起了他对学习的信心。他喜欢阅读《数学智力报》上的数学故事，所以每个周末我都单独布置他写数学日志或者制作数学手抄报。

二、关心热爱与严格要求相结合，增强自信心和集体荣誉感

在关爱他的同时我还对他的不足之处进行适当的批评。我经常提醒自己不要当着全班学生的面批评他，当我发现他的作业仍然比较马虎，利用课下休息时间，我把他喊到办公室，先表扬他近阶段的进步表现，问了一些学习情况，在气氛比较好时，我把他的作业本打开，然后把一本做得很认真、清楚的作业本翻开，放在他面前，他低下了头，我知道我不必再多说了。我千方百计给他制造展示自己的机会，学校举行特色作业展，他的数学手抄报获奖了，于是我抓住机会在班上表扬他，使他体会到了奋进的力量，获得了成功的喜悦和自信。

三、家校合作，取得教育的一致性

我经常与唐某某的父母联系，建议他们与孩子充分地交流思想和情感，每天倾心交流半小时，或者做亲子游戏活动，消除父母给他带来的不利的心理体验。强调尊重孩子，正确疏导，不要一味地责怪。每天坚持督促、检查孩子的作业，给予更多的表扬和鼓励。努力培养孩子开朗、自信、积极的心态。我经常给家长发"捷报"。"捷报"的内容如下："尊敬的××家长，您的孩子在书写速度方面进步很大，特发此捷报，以资鼓励。孩子的成长离不开您的鼓励，希望您能多赏识孩子！"这样做的次数多了，家长也确实看到孩子在老师的耐心教导下有了很大的进步，自然也愿意花时间监督孩子的学习，照顾孩子的生活了。

经过一学期的转化，唐某某在各方面有了很大的进步，上进心增强了，对自己充满了信心，改变了不按时完成作业的毛病，学习成绩有了很大的提高，在期末考试中，他取得了好成绩，学习习惯也有了很大的改善。但转化后进生的工作是需要长期坚持的，要坚持抓，抓反复。

"教育是心灵的艺术，爱是教育好学生的前提"。转化后进生需要我们对他们付出更多的爱心和耐心、更多的真诚和宽容，对待后进生要放下架子亲近他，敞开心扉，以关爱之心来触动他的心弦。"晓之以理，动之以情，

导之以行，持之以恒"，用爱去温暖他，用情去感化他，用理去说服他，从而促使他主动地认识并改正错误。关注学生的内心世界，为学生的一生负责，是教育者义不容辞的责任。在今后的教育道路上，我会继续提高自己的教育教学理论素养和业务水平，尊重和信任每一名学生，给他们鼓励，给他们信心，用自己的爱心，去打开每一个孩子的心灵。

神奇的药方

一、案例介绍

小陈三年级上学期从苏州转过来。平时作业认真，正确率高，各科的基本功都很扎实，会拉二胡，象棋、围棋下得很好，写了一手好字，怎么看都像是练过书法的，一了解才知他根本就没有专门练过书法。就是这么一个老师心目中的好孩子，却做了一件让我大吃一惊的事。

那是一次课间活动时，同学张颖伸手在他肩膀上拍了一下，想跟他做同学之间常做的课间游戏，谁知他却怒不可遏，转身将张颖的文具盒砸了个稀巴烂。于是，两人推搡了起来。小陈像发怒的豹子，又像一个训练有素的战士，脱下运动服当武器，因为运动服上有拉链头，打在身上会很疼。班干部拉开他俩后，迅速告诉了我。

班集体是学生成长的家，团结、和谐、向上是我们班奋斗的目标，怎能出现这等暴力现象？为了让他们首先认识到自己的错误，我让他们先自我反省，每人写300字的说明，把事情的经过及当时自己心里的想法都写出来。

看了小陈的说明书，我简直不敢相信自己的眼睛。"在家里，父母不喜欢我，妈妈总是打我，爸爸总是骂我，我再也不想回到那个地方了；在学校里，同学们都瞧不起我、嘲笑我，经常欺负我。活着真没意思，真想就这么死了算了。有时我真恨我自己，为什么就这么没用？真想把这些欺负我的人都杀了，让你们再欺负我！"

多么惊心的字眼！多么可怕的"仇恨"！多么严重的后果！我惊出一身冷汗。

二、调查分析

我丝毫不敢大意,马上询问班上跟小陈坐得比较近的几个学生,了解他近期的一些表现,并与其家长取得联系,通过问医生、查资料,发现小陈患了严重的心理疾病。

因为小陈学习成绩很好,所以父母都为此感到骄傲,对其期望值较高。为了孩子能刻苦学习,父母对他的要求极为严格,信奉"棍棒底下出孝子""严格也是一种爱",只要孩子的表现不尽如人意,就通过语言严厉批评,再严重点就"竹笋炒肉",目的是促其警醒,一心想培养出一个各方面都优秀的人才。但孩子却不明白父母的"好意"。从小生活在这样的环境中,孩子感觉缺乏家庭温暖,总感觉周围的人都对他不好,以仇视的目光对待家人和同学。

于是,父母就总感觉孩子越来越难管了,同学也感觉他性格古怪,行为越来越怪僻,动不动就发火,爱打人,下手很重。生活就像是一面镜子,周围人的态度反馈到他的心里,更加重了他的仇视心理。这不,父母一心急,教育的手段更过激,同学不明就里,暴力冲突就这样发生了。

三、应对措施

了解情况后,我对症下药,采取了如下措施。

1. 晓之以理

把张颖和小陈叫到身边,让他们把当时心里的想法说出来,敞开心扉,拉近心理距离,特别是张颖,起先只是想跟小陈做游戏,丝毫没有恶意,这一点让小陈意识到自己判断上的错误,减少了沟通上的困难。

2. 动之以情

用爱心安抚其受伤的心灵。心病还须心药医,我多次引导班级学生以一种宽大为怀的心胸去包容他的缺点,以一种沙里淘金的耐心去发现他的优点,动员全体科任教师和全班学生给他以全方位的关爱,让他感受到班集体的温暖。

3. 导之以行

跟他讲一个又一个小故事,让他每天对着镜子笑十分钟。我说我是心理学的专家,只要他坚持每天对着镜子笑,同学们就一定会对他很友善的。

在他感到同学们的确对他友好一些之后，我又跟他讲述生活是一面镜子的道理，"你对着它笑，它也对着你笑"；讲述山谷回音的故事，"你大声喊，山谷的回音就大；你愤怒，山谷的回音也愤怒；你友善，山谷的回音也友善"。人与人之间也是一样，我们对别人好，别人也会对我们好。

4. 启之以亲

多次与他的父母交谈，指导其父母对他的心理健康多加关注，平时注意创设与孩子沟通的情境，通过换位思维及互相关爱等启发培养孩子真善美的道德情操，做孩子的表率，努力培养孩子的优良品德，为开拓孩子的美好前程创设条件。学校与家庭共同努力，从生活上给予关照，情感上给予满足，主动与他接近、玩耍、聊天，让他感到亲情无处不在、无时不有，不再以为别人不喜欢他，对孩子的一些过错多以宽容的态度来对待，呵护他，避免他再受刺激。

四、初步结果

（1）情绪方面——已经渐趋稳定。改进的地方有：喜欢和同学玩耍；他不想离家出走；他觉得有人十分了解自己，心里的烦恼减少；觉得老师待他已比过去好些了。

（2）行为方面——通过一段时间的努力，他终于能与同学们和平共处了。已经减少了许多过去常犯的过失，自主、自治的能力也有进步；上课更专心了，课前主动帮老师开电脑，准备投影仪，下课帮老师收拾讲台，送作业。这些都是可喜的转变。

五、案例反思

在转变孩子的艰难过程中，我深深体会到：要转变一个有心理障碍的孩子真难、真累。父母的关爱、同学的友善、老师的帮助是一剂治疗心理偏激等心理疾病的神奇药方。同时，我们——包括所有的父母和老师——都必须明白，儿童是自主、独立的个体，是有感情、有个性和灵性的个体，我们要尊重孩子的主体地位和"独特的体验"，多进行心灵的交流，用爱的良药来感化，千万不要搞家长或老师的"一厢情愿"，否则，将适得其反、事与愿违。

师者如蚌

"师者如蚌",简单的几个字却蕴含着深刻的教育哲理:孩子们的过失与错误仿佛一粒粒沙子,从某种角度来说,对蚌是一种干扰、一种破坏,甚至是一种侵害。然而,蚌却不仅默默地接纳了沙砾,而且用自己的身体、自己的爱去浸润它,用生命和精神去感化它,直至把沙砾变成晶亮闪光的珍珠。

用此来形容班主任工作是多么贴切!记得去年开学的第一天,主任让我们一年级老师抓阄定学生。还说:"有一个叫小威的孩子很调皮,在幼儿园就出名了!"我打开纸条,小威的名字赫然入目,唉,自认倒霉吧!"老师,小威又打我了!""小威用剪刀剪女孩辫子了!"下课了,孩子们告状的声音此起彼伏。过了几天,科任教师都气呼呼地来找我,说只要有小威在课就没法上!于是我教育过小威好几次,结果发现他太特殊了,如金刚不坏之身,软硬不吃,就像一匹桀骜不驯的野马。记得曾有人说过:"七岁的小男孩是地球上最可怕的生物。"对此我太有同感了,一个小威就把我折腾得焦头烂额,我不禁对他生出嫌弃之心!算了,放弃吧。可心底的良心在谴责我,我一定要把他转变过来!

一个问题孩子的出现必有其深层次的原因。晚上,我叩开了他家的门。开门的是一位白发苍苍的老人——小威的爷爷,"孩子在学校又犯错误了,又让你操心了!孩子命苦啊,没办法啊!"老人双手端起一个大碗,请我喝白开水。接碗时候,我感觉到他的双手颤抖得很厉害。"哎,他爸妈在他三岁的时候遇到一场车祸都走了,剩下我和他奶奶靠吃低保抚养他。我们也是觉得没爹妈的孩子太可怜了,就很宠他,没想到把他惯坏了。还请老师多教育啊。"昏暗的灯光里,看着老人充满期待的眼睛,我点点头对老人说:"大爷,您放心!他虽然调皮但很聪明,将来会有出息的!"老人笑了,因为很少有人这样表扬他孙子，我看到站在一旁的小威眼里的敌意没有了，还带着几丝感激。

走出家门，带着老人的期待，我心里一阵酸楚，脚步更加沉重。了解了他的情况后，我非常内疚，平时对小威的关爱不够，从那以后，我看到小威，就经常拉拉他的小手，摸摸他的小脸，小威也对我越来越亲近了。从心底里我真正接纳了这个孩子，喜欢上了他。看到小威破旧的书包，我自己掏钱买了个新书包想送给他，可小威又是个极要面子的孩子，我又怕伤了他的自尊心。怎么办？我一直在寻找机会。小威长得虎头虎脑，特别结实。学校要开运动会了，我想何不利用这个机会让他大展身手呢？果然，小威不负众望，勇夺冠军。运动会结束后，我在全班学生面前表扬了他，并把那个崭新的书包奖励给了他。捧着新书包，我看到了他眼里闪烁着欣喜和自信。小威找到展示才华的舞台了，他的上进心也被激发出来了，连学习成绩也突飞猛进。

为了让学生们接纳他，我还在班级专门召开了几次"手牵手，心连心"的主题班会活动，告诉其他孩子：小威是我班的一分子，大家不应该排斥他，要帮助他改掉坏毛病……同时，我也在班级的家长QQ群里发了一份帮帮小威的倡议书，家长们也学会了善待这个孩子。经常有同学给小威送文具，还有家长主动请小威到家里吃饭。小威被浓浓的爱浸润着、包围着、感化着。小威也开始意识到他以前总是欺负同学不好，他渐渐地不打人了，学会和同学融洽相处了。在爱中他也学会了爱啊！同学们也喜欢上了他，在这个学期的班干部竞选中，大家还一致推选他为体育委员。看到这一切，我是多么欣慰！

珍珠的形成一直令我赞叹不已，蚌有着怎样博大的胸怀才能容纳下沙砾，又有着怎样的耐心才能使那平凡的沙砾成为熠熠生辉的珍珠。我想，当教师有着水的柔情和坚韧，有着蚌的胸怀和耐心，又何愁学生不会成为美丽的珍珠呢？

守秘让我成为孩子的朋友

　　真教育是心心相印的活动，唯独从心里发出来，才能打动心灵的深处。——陶行知

　　还记得我和威武中队的孩子们第一次见面的时候，心里多么忐忑。对于他们来说，刚上一年级，一切都是新奇的、未知的。对于一名一年级的新班主任来说，和这么多孩子相处，真有点不知所措，管理班级，我的经验是零。我要从哪里开始，去做好一个人民教师的角色，做好一个班主任的角色，做好一个孩子的朋友的角色呢？我的师父告诉我：教育其实很简单，一腔真爱、一份宽容，如此而已。我带着这样的信念从零开始，与孩子一起成长。

　　在我的印象里，小学班主任好像都很凶，让学生害怕、听话，感觉一天都处于发脾气的状态。这不是我想要的教师日常，我们常常过于看重管理的权威，却忽略了管理的终极目的是促进人的发展。

　　这些可爱的学生，处于懂事又不懂事的时期。面对他们，我非常期待能够愉快地相处，成为学生想要接近的老师。但同时又担心没有树立威信，学生没有规矩。我觉得，不管和学生保持什么样的关系，规矩都要定在前面。班级里任何事情都需要定规矩。我需要在一开始就告知他们我的要求，不然50名学生可能有50种做法，等那时候再来责怪学生可能就来不及了。

　　人非圣贤，孰能无过。如果所有的错误都严格批评教育，学生不一定接受，还有可能在心里与老师为敌。对于违纪的学生，我们应该给予其改正错误的机会。

　　有一次，小吴带来了一支可以喷水的笔，同学们既羡慕又嫉妒，纷纷来报告老师。要知道玩具是不可以带进学校的，这时候我可以选择最直接的方法，杀鸡儆猴，严厉批评，告知家长，以后不允许带玩具来学校。但我了解小吴的爸爸，如果他爸爸知道了这件事，他回家估计得挨揍。那小吴岂不得怨恨同学们和老师。一支好玩的笔，并不是什么大事，或许我可以利用这个机会，让他从心底愿意听我的话。首先，我找他了解了这支笔的来头，原来是他偷偷用零花钱买的，家长并不知道，怎么办呢？看来他真的很害怕被爸妈知道这件事，一个小男孩在我面前急得要哭："老师，我保证，我以后不带了，但能不能不告诉我爸妈，我保证！"看他这么诚实，我说："这支笔肯定要没收，这次我可以替你保密，就一次，但是你必须答应我没有下次，而且以后要遵守班级的规定。"小吴闪着泪光点头，从此他便有"把柄"在我手上，不敢轻易违反纪律，对老师也有一份敬畏之心。

　　同样的"手段"屡试不爽，只要不是原则上的大问题，可以适时为学生保守秘密，他会时刻记得老师的情，从而约束自己。我们既要真诚宽容地对待学生，又要对学生进行严格要求。教师要善于发掘每一个孩子的闪光点，用宽容的态度对待孩子的每一个错误，勇于做学生的朋友，学会用学生乐于接受的方式进行批评，这样我们可以做到既尊重学生的人格，又能促使学生改正错误。平等和谐的新型师生关系的建立，可以促使教与学处于一个自主、宽容、和谐的氛围里。

信任的价值

故事发生在2016年上半年。一天清早,德育主任找到我:

"悦悦是你们班的吗?"

"是。"

"门口便利店的工作人员向学校反映,超市监控拍到这个孩子几次在便利店里偷拿了东西,今天早上她又偷拿了东西,准备走时被工作人员发现了。便利店要求在全班对她进行批评教育。你处理一下这件事。"

主任离开后,我一直思考这件事。这个孩子比较内向、文静,学习成绩一般,但平时表现还不错,很难把她和在便利店偷拿东西的人联系在一起。她为什么要在便利店偷拿东西呢?带着疑问我单独找了悦悦了解情况。

"你有没有什么事要对老师说?"

"没有。"悦悦迅速回答。

"再想想。"

"没有。"悦悦低下了头,不说话。

我知道,此时她的内心正在进行着激烈的思想斗争。看着眼前的这个孩子我想:要是自己的女儿以后做这样的事,我该怎么办呢?

"你相信老师吗?"

"相信。"

"如果有难事不知道怎么办,你可以告诉我,或许我能帮到你。"

"我拿了便利店的东西,"她怯怯地说,"老师求你别告诉我爸妈。"

"好。能告诉我说明你信任我,老师很开心。你不要告诉其他同学,老师也会替你保密。但你要写一份情况说明和一封道歉信,放学时来找我,老师跟你一起来解决这件事情。"

放学的时候,悦悦拿着情况说明和道歉信来找我说:"老师我错了。"

我看了情况说明，悦悦对自己多次偷拿便利店东西的事情进行了反思。我带着悦悦到了便利店，等店员忙完，我走上去对店员说："你好！这是我们班的孩子，我是她的老师，很不好意思，孩子一时糊涂犯了错误，现在认识到错了。"

悦悦主动拿出道歉信和钱递给店员说："阿姨我错了，不该偷拿店里的东西，这是那些东西的钱。"

也许因为是老师带着孩子来，店员有点愕然："老师带着你来道歉，我们原谅你，以后要改正错误。"

回到办公室，我又单独对悦悦进行了教育：在世界上所有国家，拿别人东西都是不可接受的，如果真的想要什么东西，可以用其他合理的途径获得。

我认为悦悦的家长应该知道这件事，于是和悦悦的家长进行了沟通，希望悦悦家长装作不知道这件事，寻找孩子偷拿东西的原因，并且找机会对孩子进行教育。家长表示感谢和配合。

这件事就这样过去了，我没有在班级批评悦悦，也没有再和她提起过这件事。

2017年11月23日，我收到一条消息："刘老师您好！我是悦悦，您还记得我吗？小学时我不懂事，做了不应该做的事情，事后也后悔，害怕父母知道，害怕老师知道，更害怕周围的同学知道这件事而疏远我，但幸好我遇见了您！非常感谢您对我无条件的信任与帮助，感谢您保护了我的自尊，我会永远记着您告诉我的：用合理的途径获得自己想要的东西！现在我已经是一名初中生了，学习上我也会用我的努力来获得我想要的好成绩，感恩节快乐！祝您工作顺利！"

收到这条短信，我既惊讶又开心。惊讶的是自己当初的举动给孩子带来了这么大的影响，开心的是悦悦现在那么明理、阳光。

德国哲学家卡尔·雅斯贝尔斯说：教育的本质是一棵树摇动另一棵树，一朵云推动另一朵云，一个灵魂唤醒另一个灵魂。苏霍姆林斯基认为：教育的核心就其本质而言，就在于让儿童始终体验到自己的尊严感。

作为教师每天都要处理各种各样跟学生有关的事，每一件事都会有不同的处理方式，但不同的处理方式都将给孩子的成长带来不同的影响。如果把信任、尊重放在首位，孩子就一定能感受到，也才能有更好的教育效果。

这件事后，我时常提醒自己：信任、尊重可以创造美好的未来。

小星星亮起来

"韩姐,我拿点星星!"一下课我就来到文印室里。"又去哄孩子了?""是啊!哄一哄,积极性高了很多!"其实,关于小星星的故事还得从一件事说起。

那是一个星期天的上午,刚上一年级的小外甥凌凌在书房里专心地写着什么,怕打搅他,我便悄悄地走过去。凌凌写得很认真,对我的出现全然不知。来到他身后,我轻轻地拍拍他的肩膀,想提醒他要坐正身子写,没想到他先是一惊,接着便快速地把本子收起,用乞求的目光看着我,仿佛犯了错似的。面对孩子的异常表现,我敏感地意识到孩子的本子上一定有不可告人的秘密。我温柔地抚摸着他的头,问:"怎么了?需要我帮忙吗?"他摇了摇头。我伸出手,示意他把本子拿给我看,他背着手,哀求道:"姨妈,你看后不要告诉我妈,更不能告诉老师,好吗?"我点了点头说:"姨妈答应你。"见我答应,他才从背后拿出本子递给我。只见在一个老师批阅过的作业本上,凡是空隙的地方都工工整整地画着许多小星星,不细看,还真以为是老师画的呢。我问道:"是你画的吗?"孩子指着一颗大点儿的星星说:"这颗星是老师给我画的!老师才给了我一颗星……"听着他渐渐低沉的话语,我全明白了:孩子渴望得到更多的星星。

是啊,哪个人不想得到别人的赞赏呢?作为学生能得到老师的奖赏,那是莫大的荣幸。而我们在教育的过程中,对学生的鼓励总是那么吝啬,总觉得学生做得不够如意、不够完美,总是以"书写不认真""回答不完整"来评价学生,即使学生进步了,也是以"进步不大"来鞭策。似乎离开教师的提醒,学生是很难进步的,却不知这样的提醒只会在满是伤痕的学生身上又加上重重的一鞭,学生的伤口何时能痊愈呢?

我开始重新审视我自己对学生的评价。以前我带高年级,有时也奖励学生星星，次数很少，心里总以为星星太幼稚，对于十一二岁的学生也起不到太大的作用。因此，在这个学期教一年级的时候，我也没领星星贴纸。在教学时总是口头对学生加以鼓励，课后还得再补充提醒其几点不足。在平时的教学中，学生不答到老师的心坎上是不会得到老师的表扬的，只有"对了""坐下"几句冷冰冰的话语。在批改作业时，只有既书写工整，又全部正确的学生才能得个"优"，否则只能是"中"或"差"了，像那些中等生和学困生，"优"字几乎和他们无缘。因为即使他们有了进步，全做对了，书写也是比不上优生的。眼看着班级的优生越来越少，我正一筹莫展之际，凌凌满本的星星使我不觉眼前一亮，真是"山重水复疑无路，柳暗花明又一村"。

　　抱着试一试的态度，我也开始在学生的作业本上画星星，只要书写有进步，只要有一段精彩的回答，即使没有全对，我也给予一颗星的奖励，并加上鼓励的话语，进步大的就多奖励几颗，力争使每个孩子都能得到一颗星星，而且还把得星星延伸到了课堂外：站队站得又快又好可以得一颗星星，做操动作有力奖励星星，早餐吃得快不浪费也可以有星星。没想到，这一举措竟像一支兴奋剂，在我班掀起了波澜。"我得星星了！""我又得星星了！""我已经有50多颗星星了！"我还规定，得到20颗星星的小朋友可以来老师这里换一枚奖章或一张奖状，孩子们拿着凭自己努力得到的奖状，脸上乐开了花。听着孩子们的欢呼声，看着孩子们灿烂的笑脸，我心中就像打翻了五味瓶，真想对孩子们说一句："老师欠你们的太久、太多了！"星星亮起来了，我班的优生开始多起来了；作业书写越来越整齐了，亮点也越来越多了；课堂上学生的自信心更足了，争辩也越来越精彩了，纪律变得越来越好了，地面更整洁了，帮助他人的小朋友也更多了。亮晶晶的小星星，给我的教学生涯带来了一个明媚的春天。

学习园丁护花与农民种地

——后进生转化点滴见解

曾经有一段话在微信朋友圈和微博中广泛传播——无论成绩好坏,请想想:每个孩子都是一颗花的种子,只不过每个人的花期不同。有的花,一开始就灿烂绽放;有的花,需要漫长的等待。不要看着别人的怒放了,自己的那颗还没有动静就着急,相信是花都有自己的花期,细心地呵护自己的花,慢慢地看着他长大,陪着他沐浴阳光风雨,这何尝不是一种幸福。相信孩子,静等花开。也许你的种子永远不会开花,因为他是一棵参天大树。

看到这段话,身为一个母亲和教师的我也被深深触动了!作为母亲,我很多时候也不自觉地拿女儿和别人的孩子比较,觉得自己的孩子哪些方面不如某某;作为老师,我们何尝不期待一个班级四五十号学生齐头并进,纠结痛苦于哪些孩子让自己眉头难以舒展。如何面对孩子的成绩,这句话给出了明确答案。这句话之所以能广泛传播,就是因为很多人被它感动了。说这句话的不知名的教师,面对成绩不理想的学生,不仅自己能宽容和淡定,而且劝诫家长要相信自己的孩子肯定会有"自己的花期"。他的阳光心态、宽广胸怀、长远眼光值得广大教师和家长们学习。

作为教师,培优补差是一项常规工作。锦上添花的培优工作让人激情澎湃、乐在其中;而谈起补差,则是一肚子苦水——费心思、花时间又难以见成效,我正被这个问题所困扰,这段话点拨了我!

曾几何时,教师被比喻成辛勤的园丁;也有人提出教师教书当如农民种地,用农民种地的心态去对待自己的学生。我更是感觉到,教师在后进生转化工作上,如真能将心态调整到如园丁护花和农民种地,对教师、对学生可能都是福音、福祉。

一、认识每种花各有不同的花期

"正月梅花香又香,二月兰花盆里装,三月桃花连十里,四月蔷薇靠短墙,五月石榴红似火,六月荷花满池塘,七月栀子头上戴,八月丹桂满枝黄,九月菊花初开放,十月芙蓉正上妆,十一月水仙供上案,十二月蜡梅雪里藏。"大自然是个奇妙的花园,不同的演员在每个不同的季节轮番登台。春天开的花有杜鹃花、春兰、迎春花、桃花、梨花、牡丹……夏天开的花有荷花、凤仙花、石榴花、牵牛花、美人蕉、百合花、睡莲、向日葵、郁金香……秋天开的花有菊花、山茶花……冬天开的花有蜡梅、水仙、圣诞红、君子兰……

"每个孩子都是一颗花的种子,相信是花都有自己的花期……"也许你的种子永远不会开花,因为他是一棵参天大树或者一棵小草!种子不同,有着不同的生命历程,有的早慧,有的晚熟,绽放的时日不同,这是自然的规律,也是生命的规律。

二、莫疑春归无觅处,静待花开会有时

"细心地呵护自己的花,慢慢地看着他长大,和他们一起发芽、生长、开花、结果……陪伴是最长情的告白。"作为教师,当你在春天看到百花开放、蜂鸣蝶绕时,看着你的花园里某些毫无开花征兆的植物不要急,也许它们的花期在下一季,再下一季……

上学期数学学到小数除法,开始的几节课,部分孩子就是不理解,我手把手地教,可今天教明天忘;刚解决一个问题,又冒出另一个问题,真有些让人焦头烂额。除了在学校辅导,我也求助于家长在家对学生进行一对一的指点帮助,期望在一段时间里解决问题,做到人人过关。结果不用赘述——每个班就是还有那么几个孩子屡做屡错。暑假过后新学期开始了,由于教材体系的调整,新课本的第一单元就是上期学过的小数除法,让我惊喜的是经过一个暑假,那些原本不过关的孩子现在思路清晰了,基本都能顺利解决非小数除法的计算问题了。孩子在成长,他们的理解力也在增强,我们不要急于求成,有的时候放一放、等一等,孩子们就迈过了那个坎儿。反思在上学期那段时间,我其实完全没必要那么焦虑、着急,在学生学习的问题上,有时候也要"无为"而治,时间也是解决问题的良方。教师要学习园丁种花的

心态，静等花开，而不是过多地浇水施肥，否则可能适得其反。

"莫疑花开无觅处，静待花开会有时"。每一株花最初都是草，每一株草最后都会开出花，走着，走着，花就开了。让我们静静等待，终有一时，孩子们心灵的花朵会在你不经意间悄然开放。

三、十根手指有长短，荷花出水有高低

在一个团体中，个体差异总是客观存在的，尤其是在一个班级中，我们难免会面对一些后进生。对于后进生的帮助与转化问题，我认为重在行为习惯的培养，而非知识灌输；也要充分认识到后进生的转化是一个长期的工作，不可能一朝一夕、一蹴而就；对于一个孩子，教师、家长绝不能唯分数、唯成绩论，给孩子以关爱、帮助，不要急于求成，也不要有太高的期望，一点一滴都是进步。试想我们去花店买花的时候，包扎好的一束束漂亮的花，里面有的是娇艳的玫瑰，有的是芬芳的百合，有的是鲜艳的康乃馨，有的是夺人眼球的向日葵，但是红花也需绿叶配，有的种子长出来的就是满天星等作为陪衬的花，甚至就是一株株绿枝、绿草。谁能说它们不重要？

四、需要爱时只需爱，该"砍枝"时莫迟延

众所周知，当今的学生大多是独生子女，从小在夸奖声中、在溺爱之中长大，教师也主要是以"赏识教育"为主，对犯错误的学生不敢批评，更不敢惩罚。我认为，为师者，适当地给予学生表扬、激励，给予母爱般的关怀是应该的，但在特定的情况下，对于学生的一些不良习惯还要如果民砍枝一样"砍"掉，正所谓"玉不琢不成器，树不砍不成材"，要培养学生良好的做人习惯，健全他们的人格，一味地迁就纵容只会让学生误入歧途。

叶圣陶先生说："教育是农业，不是工业。教师要有农民的心态和气质，像农民种地那样教书。"农民对于自己田里的庄稼是对生命的尊重，而农民对他们的庄稼有时也需要砍枝。

农民种棉花时需在适当的时候整枝、打顶，如果只施肥，任所有枝叶疯长，最后收获时可能一无所获或收获甚微；种苹果也是如此：每年冬季，果民会在苹果树下挖一深坑，埋入大量肥料，浇上水，然后砍掉树上的多余枝杈。这样是不是会把树给砍死？回答却是：如果不砍，来年树就不长了；即使勉强生长，也会生出更多无用甚至有害的旁枝，来年的苹果收成将会不尽

如人意。如果把多余的枝杈砍掉，苹果树反而长得越发茂盛，结出的苹果也越发的大，越发的喜人。

因此，我就想到教师在育人的工作中，是不是应该借鉴农民砍苹果树枝条的做法，对学生也来个及时的、适时的"砍枝"，以使他们更加健康地成长呢？不是一味迁就呵护，有时该当强硬折枝。一言蔽之，教师事业如农民，育人工程同种田。需要爱时只需爱，该"砍枝"时莫迟延。

"每个孩子都是一颗花的种子"，这话说得多好！广大家长和教师，应摆正教育心态，放弃急于求成的心理，从自身观念改起，相信"每个孩子都是一颗花的种子"，给孩子一定的时间和空间，耐心地施肥、浇水，静待孩子"花期"的到来。总有一天，孩子们会用"满园春色"回报家庭、学校和社会。

也谈师爱的力量

我并不喜欢唱歌，但"在没有心的沙漠，在没有爱的荒原，死神也望而却步"这句歌词却时刻回响在我耳边。因为，它让我震撼：爱是何等重要，爱的力量是何等伟大！它也鞭策我，作为教师，既然选择了这一职业，不仅要有"捧着一颗心来，不带半根草去"的献身教育的品格，更要有"爱满天下"的高尚情怀，将自己的爱无私地奉献给学生。那么，作为教师，我们该怎样去奉献我们的爱呢？

一、爱是微笑

微笑能使人感受到亲切，能传递爱，使人感受到幸福。教育能否促进孩子微笑？教育服务于学生，如果我们每天微笑着对待学生，上课时，面对学生回答的问题，正确的，我们微笑，给学生以赞赏；错误的，我们微笑，给学生以鼓励。下课时，碰上孩子，微笑着和他们打招呼；与孩子谈心时，微笑着倾听他们的心声……我想：中国孩子的微笑比例一定会上升。中国孩子也能树立积极向上的价值观，微笑着面对人生，微笑着面对困难，微笑着听取老师的教诲。

二、爱是公正

在一个班级，教师经常会不经意间把学生分类：学习好的和学习不好的，听话的和不听话的，乖巧的和不乖巧的……于是教师对他们的情感和态度也会不自觉地不一样。长此以往，那些得到老师赏识、关爱的学生就会觉得自己什么都比别人强，而那些得不到赏识的学生，因为老师和同学的态度就会变得越来越没有自信，认为自己什么都不如别人，什么都做不好，这样就会形成恶性循环，很不利于学生的健康成长。因此，关爱学生，我们要从公平公正地对待每一位学生开始：是非分明，机会均等，奖励民主，一视同仁。只有这样，学生才会信任你、尊重你，才能和老师建立和谐的师生关系，他们的心灵才能健康成长。

三、爱是倾听

真正的爱的教育是从教师与学生心与心的对话开始的，而心与心的对话又是从真诚的倾听开始的。学生的内心世界是多彩而复杂的，我们要静心倾听，给学生说话的机会；我们要真诚倾听，给学生说话的动力；我们要专注倾听，捕捉教育的最佳契机。倾听是一种技巧，也是一种修养，教师只有耐心地倾听学生的诉说，让学生体会到关爱和温馨，才能够深入了解学生，才能够让学生敞开心扉，走进学生的内心世界。

四、爱是细微之处的真情

记得我刚参加工作时，面对全新的环境、全新的学生，我自己都感到不适应，也就更担心这些学生一时不能接受我，很可能让我很难做。

果不其然，没几天，班里就有很多学生找原来的老师诉苦，对我也是一副无所谓甚至持一定的排斥态度。这哪里还有心思听课呢？于是我打电话向我的老师诉说我的烦恼。她听了后，只说了一句话："别总是想让学生适应你，如果你觉得学生不好，那是因为你还不够爱他们，还没有真正地去爱他们。"这句话让我想了很久，我反问自己："我真心爱他们了吗？"是啊，我还不够爱他们，因为我的心还沉浸在自己的学生时代，而不是他们。接下来的日子里，我每天以饱满的热情去了解学生，真心地关爱每一个学生：跟他们一起玩儿，一起学，一起谈心。他们做对了，我摸摸他们的头；做错了，我对他们做出吃惊的表情，告诉他，你能改正；生病了，我给他们倒水；蹭破皮了，我给他们抹药……

细微之处见真情。慢慢地，我发现我的付出终于有了收获：下课时，他们经常围在我的身旁，叽叽喳喳地说个没完，完全把我当成了他们的一员；课堂上，他们积极讨论发言，气氛轻松活跃。同时，他们的激情也点燃了我的热情，让我觉得给他们上课是一种享受。

五、爱是理解与尊重

1. 尊重每个学生的人格

理解、尊重学生是消除教育盲点的基础。尊重学生，从尊重学生的人格做起。教师与学生虽然在教育教学过程中扮演不同的角色，但在人格上应该是平等的。谁都有尊严，谁都维护自己的尊严，面对幼小的心灵，我们要好好呵护它。

记得有个女生，当我接班时，原来的老师告诉我：她喜欢拿别人东西。班上丢了东西，找她准没错。

开学不久，班上连续丢东西，我总认为是学生自己放哪儿找不着了，也就没在意。

有一天，一个学生哭着对我说：就一个早操时间，他放课桌上的公交卡不见了！而且有同学做证！

我问有没有人看见，大家都说没有。有人小声说是那个女生，于是大家七嘴八舌开始告她的状，竟有学生建议我搜她的书包！

我扫了一眼小姑娘，走下讲台。也许她认为我是去搜她书包的，我突然看到她秀气的面庞上那双稚气的眼睛里闪出一丝惊慌。我明白了。我停住脚步，对全班学生说："一定是有同学恶作剧，把公交卡藏在谁的书包里。把你们的书包都倒在地上，找找。"我装作不经意的样子，从小女孩身边经过，趁乱悄悄踩住了那张公交卡，又故意让自己的书掉地上，顺便捡起了公交卡。我看到小女孩长舒一口气，她看着我，眼睛里闪着感激的光。

后来，我用一种巧妙的方式告诉大家，有人捡了公交卡交到我这儿了。之后我跟女孩的家长沟通，家长觉得我给孩子留面子，特别感激我。从此以后，这个女孩再也没有这种小偷小摸行为了。进中学后，她写了一封感谢信给我，感谢我给了她尊严。

2. 尊重学生的差异

苏霍姆林斯基说过："每个孩子都是一个世界——完全特殊的独一无二的世界。"每个人的生长环境、智力、对事物的看法、兴趣、爱好、特长都是不一样的，用心对待每一个学生，你会发现每个学生都有闪光点。我们应珍视学生们独特的体验，保护他们稚嫩的心灵，更多地看到他们的可取之处，看到他们身上的潜力，挖掘他们的闪光点，赞美他们，鼓励他们。记住：在我们手中是许许多多正在成长的生命，每一个都如此不同，每一个都如此重要，让每个生命获得成功的喜悦是我们的责任。

十年树木，百年树人，世上最难的工程就是育人工程，育人是需要智慧的，师爱就是大智慧！

第五章 "融"——课程的智慧评价

育才学校核心素养评价体系总体框架

本评价系统自从构建之日起,几经易稿,依据国家政策和时代发展,结合学校自身特色,最终分为综合性评价和表现性评价来对学生进行核心素养评价。

一、综合性评价

综合性评价包含各学科的阶段测试、期末测试的定量评价及定性分析,其中学科考试检测中的"学科阶段评价Ⅰ"共分五次阶段性单元测试,语、数、英学科教师将学生测试成绩录入核心素养学分评价系统,并在系统中做试题质量分析,作为过程性评价与期末测试成绩,生成学生《核心素养发展学分评价报告单》的一部分,使得评价结果的呈现方式直观明了。以下是学科阶段性评价框架(见表5-1、表5-2)。

表5-1 学科阶段评价Ⅰ

		学科考试检测						学分
学科阶段评价Ⅰ(30分)	语文(10分)	1	2	3	4	5	期末成绩	
	数学(10分)	1	2	3	4	5	期末成绩	
	英语(10分)	1	2	3	4	5	期末成绩	

表5-2 学科阶段评价Ⅱ

学科阶段评价Ⅱ（25分）	学科	音乐（5分）			美术（5分）			体育（5分）			信息（5分）			科学（5分）		
	项目	课堂	唱歌	表演	课堂	绘画	手工	课堂	测试	测试	课堂	测试	测试	课堂	作业	期末
	学分															

二、表现性评价

我校注重核心素养评价中表现性评价的特点和使用范围，基于课程标准开发表现性任务，并按照学段特点选择适切的课程教材内容载体，选择恰当的途径付诸实践研究，更好地实施表现性评价。以下是表现性评价的总体框架及各学科的表现性评价指标（见表5-3、表5-4）。

表5-3 表现性评价的总体框架

评价维度	评价要素	评价内容		评价指标	测评方式
学习力（33分）	阅读能力（2分）	1. 2. ……			
	经典背诵（2分）	1. 2. ……			
	日常英语（2分）	1. 2. ……			
	预习（6分）	语文			
		数学			
		英语			
	认真上课（6分）	语文			
		数学			
		英语			
	五项基础学力（10分）	说	语文		
			数学		
			英语		

续表

评价维度	评价要素	评价内容		评价指标	测评方式
学习力（33分）	五项基础学力（10分）	读	语文		
			英语		
		写	写字		
			写作		
		算			
		做（综合实践）			
	合作能力（5分）	1. 2. ……			
道德力（14分）	班级服务（2分）				
	守纪乐群（2分）				
	理解关爱（2分）				
	卫生习惯（2分）				
	礼仪善行（2分）				
	诚实守信（2分）				
	社区服务（2分）				
生活力（18分）	五项才艺（10分）	1. 2. 3. ……			
	生活常能（2分）				
	安全意识（2分）				
	阳光体育（2分）				
	社团活动（2分）				
学科学期部分（55分）					
表现性评价（65分）					
本学期总学分（120分）					

表5-4 获奖信息

获奖时间	荣誉名称	证明人

根据表5-1到表5-4评价总体框架的统计结果得出，学期总学分120分，综合评价学分为55分，约占学期总学分的45.83%，其中语文、数学、英语与科学四个学科的综合评价得分比例分别是18.18%、18.18%、18.18%和9.09%；表现性评价学分为65分，约占学期总学分的54.17%，其中语文、数学、英语与科学学科表现性评价得分比例分别是38.46%、24.62%、30.77%和12.31%。

育才学校核心素养评价系统核心原理

育才学校核心素养评价系统共升级了四个版本，从最初的1.0档案袋评价走向了纸质版本的2.0评价，到目前是网络版的4.0评价，逐步形成了系统性。核心素养学分评价将对学生全面发展的要求，通过一些具体的指标体现出来，为育才学校小学生的核心素质发展提出了明确的目标，并以学分评价框架呈现，分领域、分维度进行阐释。其整体推行策略为：小学整体规划—学期累计评定—注重成长历程—最终趋向目标。

小学生核心素养发展学分制评价由小学生核心素养发展标准和小学生核心素养发展学分评价系统构成。标准是目标，学分评价系统是标准的具体呈现形式和操作对象，二者相得益彰，促进了学生核心素养的过程性评价和多种评价方式的融合。

一、小学生核心素养发展标准

小学生核心素养发展标准，针对学生全面发展的要求，依据核心素养，将评价内容分为五个领域，并分别对每个领域进行了阐释和学分的科学划分。

通过六年的学习，学生除应达到小学毕业生文化考试的优良等级外，还应在使学生核心素养发展的"四能"（常能、智能、体能、艺能）、"四会"（学会学习、学会生活、学会关心、学会创造）等诸多方面全面发展，使学生具备可持续发展的后劲，逐步形成国际化人才的素养，实现育才"不求人人成为精英，但求人人走向成功"的办学理念。

二、小学生核心素养发展框架（见表5-5）

表5-5 小学生核心素养发展框架

领域	种类		合计学分	评分方法
品行习惯 （20分）	完成作业		5分	根据每个种类里各个项目的综合情况，给每个种类按5、4、3、2、1五个级别记录学分，每个领域中自己、同伴、家长、教师评价的合计学分的25%即为该领域的最后学分
	劳动卫生		5分	
	文明守纪		5分	
	爱护公物		5分	
身体素质 （15分）	健康意识		5分	
	健身活动		5分	
	技术技能		5分	
心理素质 （15分）	个性品质		5分	
	自理能力		5分	
	心理健康		5分	
基础学力 （50分）	听说读诵		5分	
	书法写作		5分	
	科学素养		5分	
	动手实验		5分	
	学科类 （30分）	语文	10分	每个学期分5个时段进行阶段考核，期末考核和阶段考核一共6次，每次按5、4、3、2、1五个级别记录学分。每个学科进行4项单项能力考核，每项按照5、4、3、2、1五个级别记录学分。各学科合计学分的20%为该学科的最后学分
		数学	10分	
		英语	10分	
特长发展 （50分）	学生在特长发展方面，根据参与情况和参加效果，每一项分别给予5、4、3、2、1五个级别的加分			

三、小学生核心素养发展学分评价系统

我校依据小学生核心素养发展标准，利用信息技术设计了小学生核心素养发展学分评价系统（其系统架构见图5-1）。此系统属于多端互动、操作性强、参与度广的网络学分评价系统。

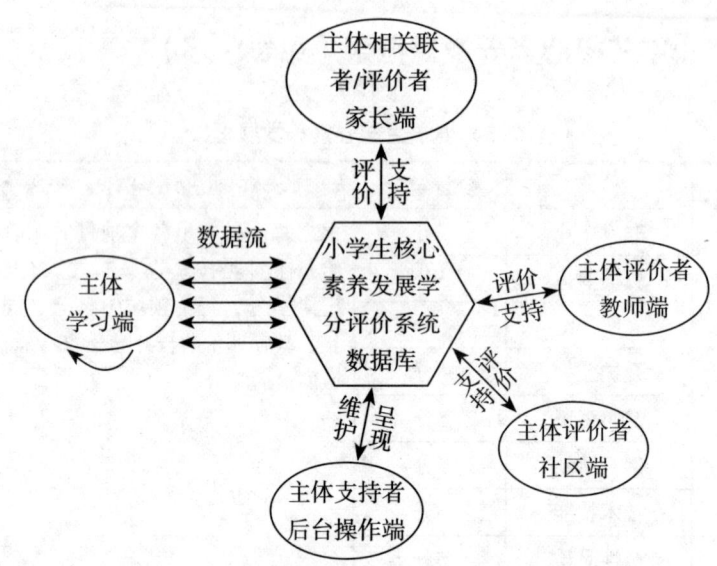

图5-1 育才学校核心素养发展学分评价系统架构图

（一）小学生核心素养发展学分制评价系统的内容与学分细则

学分制评价采取电子版形式。它是由手册版逐步升级而成的，它是档案袋的另一种形式。电子版是系统自动生成与计算，便于简化学分计算和学生佐证材料的过程。

学分制评价手册每学年一本，分为上下两个学期，每学期计一次总分，小学阶段共计评价12次，12次的总分即为小学阶段总学分。

学分评价从五个领域、分四个评价主体展开，每个领域都由相关学科的教师组织完成。

"品行习惯"部分的操作，每个种类教师可以根据所确定的项目，对学生进行综合评价，给予相应的学分。

"基础学力"是基础教育阶段评价的核心部分，操作时分两个部分进行，一部分是语、数、英学科之外的学力评价，另一部分是语、数、英三门基础学科的过程评价。

"身体素质"的评价是班主任和体育教师相互配合完成的。

"心理素质"的评价，教师一方面需要注意日常的观察，另一方面可以采取一些方式了解学生的心理状况，如调查问卷、主题活动等。

"特长发展"的评价主要以记录学生特长发展各方面的情况为主，包括校内、校外参加课外活动的情况以及取得的成绩等，评价要以所记录的情况为依据，进行客观的评价。

（二）小学生核心素养发展学分制评价系统的操作与流程

1. 缤纷课程我来选

依据学校办学思想及课程体系（核心素养：品行与社会、语言与文学、数理与逻辑、科技与创新、体育与健康、艺术与审美），我们开设各类极具特色的校本课程，每学期初，学生根据自己的兴趣在网上智能化选课（见图5-2），真正实现了学生的课程学生做主。

图5-2　小学生核心素养发展学分制评价系统之"缤纷课程我来选"

2. 学习过程及时记

核心素养评价系统及时记录学生进步的点点滴滴，学生参与的各项活动、阅读的内容（见图5-3）、参与社区的活动、获奖得到的证书（见图5-4）、课堂表现以及单元测试的成绩等都记录在核心素养评价系统中，生成相应的学分，多角度、全方位评价学生的学习情况。

图5-3　上传阅读内容

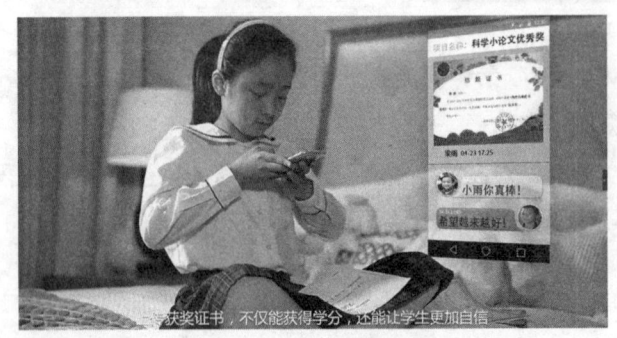

图5-4　上传获奖证书

3. 多元评语助成长

以往对学生的评价都是教师在学期末给学生写评语，教师单方面评价作为学生一个学期的评语，虽然具有一定的权威性，但是不具有多样性和客观性。本核心素养评价系统采用多元评价，通过同伴（见图5-5）、家长（见图5-6）、教师（见图5-7）和自我（见图5-8）等多种角色进行全方位、各角度的评价，让学生了解自己在各个层面的表现，更加客观合理地看待自己，促进学生个体健康成长。

图5-5　同伴的评价

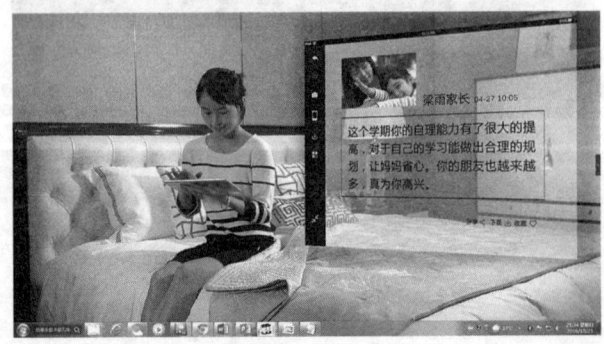

图5-6　家长的评价

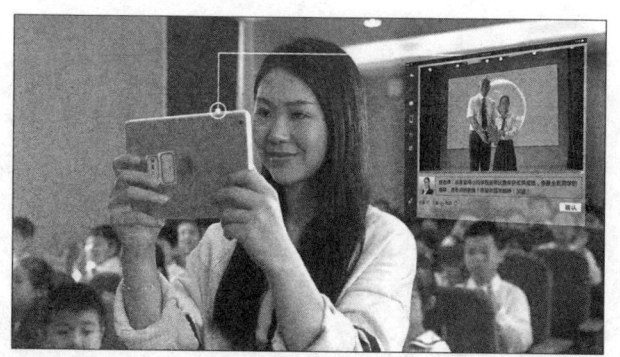

图5-7　教师的及时评价

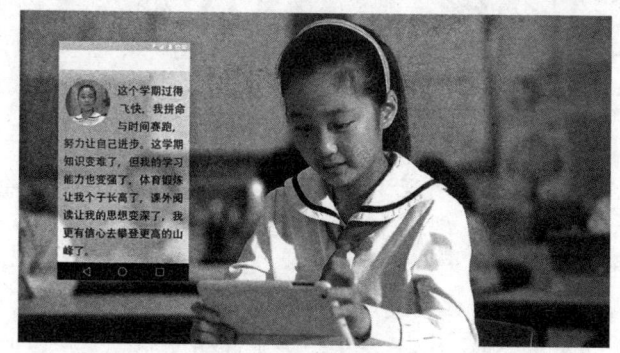

图5-8　学生的自我评价

4. 多才多艺塑标兵

核心素养评价系统会根据学生、同伴、家长及教师四个方面上传的资料进行学分折算，最后形成每个人的期末报表，学生可以从系统里查到自己的期末分项目与总成绩（见图5-9），对个人在本学期的各项表现一目了然：哪些地方优良、哪些地方需要进一步努力都能从系统报表一一获取。最后，教师可以据此评出班级的核心素养素质标兵（见图5-10）。

深圳市蛇口育才教育集团育才一小核心素养发展期末评价一览表（2014-2015学年度第一学期）

班级：五年级七班 姓名：刘一珽 学号：2010360117

学科学习评价（总分：55分）

	检测1	检测2	检测3	检测4	检测5	期末考试	学分
语文(10分)	95.0	92.0	91.5	97.0	95.5	100.0	9.7
数学(10分)	100.0	96.0	97.0	94.0	98.0	100.0	9.9
英语(10分)	100.0	99.0	96.5	100.0	98.5	100.0	9.9
音乐(5分)	课堂(期中) 0.5	课堂(期末) 0.5	唱歌 2.0	演奏 2.0			5.0
体育(5分)	课堂(期中) 0.5	课堂(期末) 0.5	测试1 2.0	测试2 2.0			5.0
美术(5分)	课堂(期中) 0.5	课堂(期末) 0.5	绘画 2.0	手工 2.0			5.0
信息(5分)	课堂(期中) 0.5	课堂(期末) 0.5	测试1 2.0	测试2 1.6			4.6
科学(5分)	课堂(期中) 0.5	课堂(期末) 0.5	作业(期中) 1.0	作业(期末) 1.0	期末测试 2.0		5.0
						总分：	54.1
我想说	[illegible]						
家长的话	[illegible]						
同学的话	[illegible]						
班主任的话	[illegible]						

品质特性评价（总分：65分）

领域	项目过程评价				学分
学会学习33分	广泛阅读(2分) 2.0	经典背诵(2分) 2.0			33.0
	日常阅读(2分) 2.0				
	认真上课(6分)	期中：语文 1.0 数学 1.0 英语 1.0	期末：语文 1.0 数学 1.0 英语 1.0	6.0	
	预习作业(6分)	期中：语文 1.0 数学 1.0 英语 1.0	期末：语文 1.0 数学 1.0 英语 1.0	6.0	
	五项基础学习15分：听说(3分)	期中：语文 0.5 数学 0.5 英语 0.5 1.5	期末：语文 0.5 数学 0.5 英语 0.5 1.5	3.0	
	读(4分)	期中：语文 1.0 英语 1.0 2.0	期末：语文 1.0 英语 1.0 2.0	4.0	
	写(4分)	期中：写字 1.0 写作 1.0 2.0	期末：写字 1.0 写作 1.0 2.0	4.0	
	算(2分)	期中：1.0期末：1.0		2.0	
	做(2分)	综合实践：2.0		2.0	
学会做事8分	社区服务(2分) 2.0	班级服务(2分) 期中：1.0期末：1.0			8.0
	社团活动(2分) 2.0	卫生习惯(2分) 期中：1.0期末：1.0			
学会共处8分	关爱理解(2分) 2.0	守纪守时(2分) 期中：1.0期末：1.0			8.0
	礼仪言行(2分) 2.0	诚信合作(2分) 2.0			
学会生存16分	生活常能(2分) 2.0	安全常识(2分) 2.0			15.2
	阳光体育(2分)	期中：1.0 期末：1.0			
	五项才艺(10分)	体育类（羽毛球）：深圳市青少年羽毛球冬令项目测试赛双打第三名	2.0		
		体育类（板球）：全国青少年板球联赛第四	2.0		
		艺术类（交响乐团）：广东省学生交响乐团大赛金奖	2.0		
		其他类（科学）：育才一小科技节科普微视频制作一等奖	1.2		
		乐器类（小提琴）：深圳市学生交响乐团大赛金奖	2.0		
				品质特性评价：	64.2

学科学习总学分（55分）	54.1分
品质特性评价总学分（65分）	64.2分
总学分（120分）	118.3分

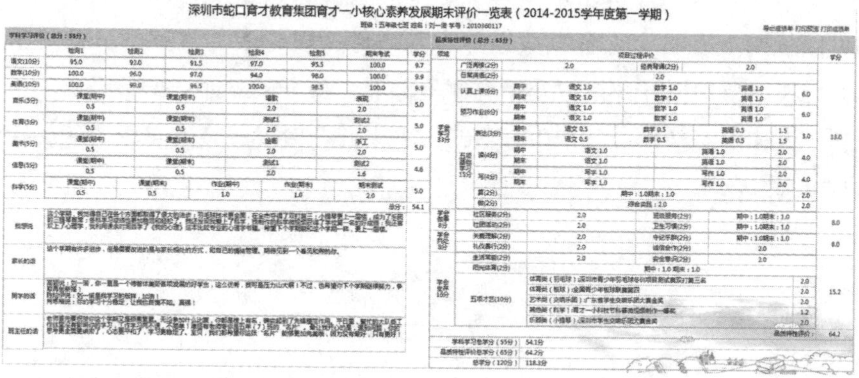

图5-9　核心素养发展期末评价一览表

图5-10　育才学校核心素养素质标兵学员

四、小学生核心素养发展学分制评价系统保障措施

1. 全员参与,以生为本

让每个学生更全面、多角度地认识自己,关注自己的成长。学期初,学生登录核心素养发展学分评价系统进行本学期的选课,系统根据学生选课通过各个板块跟踪记录学生本学期的成长过程。例如,"评语管理"中的"学生自评(我想说)"和"家长寄语""班主任评语""同学互评""社区管理""阅读管理""五项才艺""社团管理"等板块根据学生实际情况实时记录。各任课教师会在学期内的每次考试后进入"素养评价"板块的"成绩管理"进行学分录入。

2. 核心素养发展学分评价系统伴随每名学生六年小学学习生活

信息组会根据评价系统中每个学生的实时成长记录,让每个学生期末都可以从网上查看个人各项成绩并拿到一份《核心素养发展学分评价报告单》。根据学期累计评定以及学分评价标准,每个班级评选出核心素养素质标兵,以评价来助推,使学生具备适应未来社会发展以及终身学习的关键能力与必备品格。

育才学校核心素养评价系统效益效果

学校充分利用智慧校园平台，将核心素养分段、分层实施，并贯穿于核心素养评价体系之中，在立德树人、必备品格、关键能力的培养历程中，为学生全面而个性的发展引航，有效增强课程育人效果。

小学生核心素养学分制评价体系的构建和运用，不仅促进了教师素质的提高，还促进了学生综合素质的提高，更促进了学校教研教改管理工作的发展，此项目是在已取得成果的基础上对小学生综合素养的提升及完善评价体系的深入研究。

一、来自专家及同行的肯定和建议

在2004年4月小学生综合素质学分制评价刚刚出台的时候，我们举行了综合素质发展学分制论证会，邀请了区内教科研专家以及多所学校的校长参加，大家各抒己见提出了许多中肯的意见，为进一步实践打下了坚实的基础。时任南山区教育局长的刘晓明指出，这是一项创造性工作，并在五大领域的分值权重、如何面对差异挖掘学生潜能、评价标准的价值取向等方面提出了意见。

目前，学生核心素养评价标准及领域划分更加"活""细""简洁"，体现出层次性；项目更加灵活，每个学段不同学分，逐步递增。结合专家的意见和建议，我们对评价的项目进行了部分调整，对分值的权重进行了科学的论证，使其更加具有科学性和可操作性。

二、来自教师的认可和建议

小学生核心素养学分制评价得以顺利实施，离不开学校全体教师的支持。我们及时将改革的措施、策略展示给教师以征求意见。在2004年下半年学分制手册实施一个学期后，我们又召开了综合素质学分制沙龙活动，讨论这种评价制度在实践过程中存在的问题，并认真分析问题，提出解决问题的策略，使综合素质发展学分制评价系统能够在不断探索中更加完善。

三、来自家长以及学生的认同和欢迎

在学生成长记录袋基础上发展起来的综合素质发展学分制评价，目前已升级为学生核心素养学分制评价系统，一直受到学生和家长的普遍认同和欢迎。首先从评价的观念上我们得到了家长的认同，目前绝大部分家长都意识到培养具有综合素质的人才是未来社会最需要的，每学期的学校教学开放日后对家长的问题调查结果显示，大约有90%的家长对学校实施核心素养学分制评价是认同的，还有一些家长结合自己的成长以及工作经历陈述了支持的理由。

四、获得全国特色教育项目学校

《南方日报》《蛇口消息报》及蛇口电视台等多家媒体采访了解了我校实施学生核心素养学分制评价系统的情况，《南山课改通讯》也在南山推广了此项改革举措，全国许多省市的学校也纷纷前来取经，相关论文在《当代教育》杂志上发表。曾在学校挂职学习的河南省洛阳市涧西区芳华路小学校长孙冰称："这种弹性、动态、全面的综合素质学分制评价独树一帜，在全国处于评价研究的前沿，给我们提供了评价体系的有力佐证，使我们受益匪浅。"该特色评价体系还使我校获得全国特色教育项目学校的殊荣。

语文学科核心素养评价指标

表5-6　语文学科核心素养评价指标

评价要素	评价内容	评价标准	测评方式
广泛阅读（语文）	1.阅读兴趣。 2.阅读面。 3.阅读量。 4.阅读品位，包括阅读感受、理解、欣赏和评价的能力	A.阅读兴趣浓厚，阅读面广阔，课外阅读量达到或超过年段要求（低年级不少于5万字，中年级不少于40万字，高年级不少于100万字），具有独特的阅读感受，有较好的理解、欣赏和评价能力。 B.有阅读兴趣，阅读面较广，课外阅读量基本达到年段要求，有一定的阅读感受、理解、欣赏和评价能力。 C.阅读兴趣不高，阅读面狭窄，课外阅读量低于年段要求，阅读感受、理解、欣赏和评价能力不高。 D.无阅读兴趣，课外阅读量不达标，阅读感受、理解、欣赏和评价能力较差	1.通过评价系统，申报和记录课外阅读内容和数量。 2."我的一本课外书"阅读推介演讲及即兴问答比赛。 3.班级阅读活动的参与。 4.班级阅读作业的完成
经典背诵	1.诵读优秀诗文。 2.背诵一定数量的优秀诗文。 3.通过语调、韵律、节奏等体味作品的内容和情感。 4.积极参与诵读活动	A.诵读兴趣浓厚，诵读数量达标，能较好地体味作品的内容和情感，积极参加诵读活动。 B.有一定的诵读兴趣，诵读数量基本达标，能体味作品的内容和情感，乐于参加诵读活动。 C.诵读兴趣不高，诵读数量低于年级标准，不能很好地体味作品的内容和情感，不乐于参加诵读活动。 D.无诵读兴趣，诵读数量不达标，不能理解作品的内容和情感，未参加诵读活动	1.B类口语测评。内容：小学生必背古诗80首，经典蒙学读物，其他经典读物（低年级不少于50篇，中年级不少于50篇，高年级不少于60篇）。方式：一对一口试，检测经典背诵的质量。

续表

评价要素	评价内容	评价标准	测评方式
经典背诵			2.教师课堂观测与评价。 3.班级诵读活动的参与。 4.全校"吟诵经典·书香致远"经典诗文诵读展演活动的参与
预习 （语文）	1.预习习惯与主动性。 2.不同年段的预习内容从字词自学、课文朗读、质疑探究、文意梳理、资料收集等方面设置。 3.预习效果	A.具有良好的预习习惯，能主动预习，按照不同年段的要求较好地完成预习作业，预习能较好地帮助新知识的学习。 B.有预习习惯，能按照不同年段的要求完成预习作业，预习能帮助新知识的学习。 C.未养成预习习惯，按照不同年段的要求完成预习作业的质量不高，预习不能很好地帮助新知识的学习。 D.不能按时预习，不能按照不同年段的要求完成预习作业，预习对新知识的学习没有作用	1.预习作业的完成。 2.教师观测与评价。 3.小组观测与评价。 4.自我评价
认真上课 （语文）	1.上课态度。 2.课堂表现。 3.与人合作。 4.思维的条理性。 5.思维的创造性	A.上课认真听讲，作业认真，积极举手发言，积极参与讨论与交流，大胆提问，大胆尝试并表达自己的想法，善于与人合作，虚心听取别人的意见，能有条理地表达自己的观点，解决问题的过程清楚，做事有计划，具有创造性思维，能用不同的方法解决问题，独立思考。 B.上课能认真听讲，作业按时完成，能举手发言，能参与讨论与交流，能提出自己不同的想法，能与人合作，能接受别人的意见，能表达自己的观点，有解决问题的能力，能用老师提供的方法解决问题，有一定的思考能力和创造性。 C.上课时常不能认真听讲，作业有缺交现象，较少举手发言，较少参与讨论与交流，不能主动与人合作，较少接受别人的意见，观点表达不够准确，解决问题的能力较差，思考能力和创造性较差。	1.教师课堂观测与评价。 2.小组课堂观测与评价。 3.自我评价

续表

评价要素	评价内容	评价标准	测评方式
认真上课（语文）		D.上课无心听讲，不能按时完成作业，很少举手发言，极少参与讨论与交流，缺乏与人合作的精神，难以接受别人的意见，不能准确表达自己的意思，思考能力差，缺乏创造性，不能独立解决问题	
说	采用分年级分层测试法，以讲故事、口头作文、新闻播报、时事分析、即兴演讲等为内容，从语音、流畅性、仪态举止、内容及表现力等方面来进行评价和分析，设置"优秀""达标""不达标"三个等级。引导学生关注生活、善于思考、自信表达，提升语文综合素养	A.优秀： 语音：发音正确，吐字清楚，声音响亮。 流畅性：表达流利，清楚连贯。 仪态举止：情绪饱满，表现自然。 内容及表现力：自信、负责地表达自己的观点，有中心，有根据，有条理，有感染力，有说服力。 B.达标： 语音：吐字清晰，声音响亮。 流畅性：表达比较流利，比较清楚连贯。 仪态举止：表现自然，无不合适小动作。 内容及表现力：比较自信、负责地表达自己的观点，表达比较有条理，有一定的感染力和说服力。 C.基本达标： 流畅性：表达比较流利，比较清楚连贯。 仪态举止：表现比较自然，无不合适小动作。 内容及表现力：比较自信，基本能够负责地表达自己的观点，表达比较有条理。 D.不达标： 语音：吐字含混，声音较小。 流畅性：表达不流利，语义含混不清。 仪态举止：拘谨，仪态很不自然。 内容及表现力：不能自信、有条理地表达自己的观点，缺乏感染力和说服力	1.A类口语测评： 一、二年级：1分钟讲故事（成语故事、神话故事、寓言故事）。 三年级：根据关键词说说校园生活（提前3分钟抽题准备，1分钟讲述）。 四年级：播报新闻，说明选播理由（1分钟脱稿讲述）。 五年级：阅读材料，说说观点（提前6分钟抽题准备，2分钟讲述）。 六年级：即兴主题演讲（10分钟准备，2分钟即兴演讲）。 2."我的一本课外书"阅读推介演讲及即兴问答。 3.全校性主题演说大赛

续 表

评价要素	评价内容	评价标准	测评方式
读	采用分级测试法，以课文朗读、课外美文朗读为内容，从语音、流畅性、仪态举止、表现力等方面来进行评价和分析，同样设计三个不同等级。引导学生热爱阅读，培养学生的语感，提升语文综合素养	A.优秀： 语音：发音准确，吐字清晰，声音洪亮且自信读出。 流畅性：表达顺畅，停顿恰当。 仪态举止：情绪情感强烈，表现自然。 表现力：能正确把握文章基调、语速、节奏及语调，有感情地朗读。 B.达标： 语音：吐字清晰，声音响亮，读错5字以内。 流畅性：回读、不恰当停顿、添字漏字3处以内。 仪态举止：表现从容，无小动作。 表现力：节奏感与语调尚能把握，语速正常，感情投入度较好。 C.基本达标： 语音：发音比较清晰，声音比较响亮。 流畅性：表达比较流利，比较清楚连贯。 仪态举止：表现比较自然顺畅，有很少部分小动作。 表现力：比较自信，基本能够负责地表达自己的观点，表达比较有条理。 D.不达标： 语音：吐字含混，声音较小，读错5字以上。 流畅性：回读、不恰当停顿、添字漏字3处以上。 仪态举止：拘谨，仪态很不自然。 表现力：语调变化不明显，无节奏感，语速过慢，无感情投入。	1.B类口语测评： 一、二、三年级：30秒课内文段朗读。 四、五、六年级：30秒课外文段朗读。 2.随堂检测与评价
写字	1.汉字音、形、义的掌握，运用汉字的能力。	A.有主动识字的习惯，有较强的独立识字能力，识字量与写字量达到年段要求，书写正确流利、端正整洁，书写姿势正确，有良好的书写习惯。	1.百词大赛（书写正确率、书写质量）。 2.日常书写评价。

续 表

评价要素	评价内容	评价标准	测评方式
写字	2.书写正确、端正、整洁、流利	B.能主动识字,有一定的独立识字能力,识字量与写字量基本达标,书写比较正确流利、端正整洁,书写姿势比较正确。 C.主动识字的习惯有待提高,独立识字能力较差,识字量与写字量低于年段要求,书写不够正确流利,书写姿势不够正确。 D.识字主动性欠缺,不具备独立识字能力,识字量与写字量不达标,书写质量差,书写姿势错误	3.写字作业的评价
写作	1.写作兴趣与习惯。 2.运用多种方法收集材料。 3.具体明确、文从字顺地表达自己的见闻、体验和想法。 4.认真修改作文,修改方法的掌握	A.写作兴趣浓厚,写作习惯良好,能通过观察、调查、访谈、阅读等多种途径收集材料,能表达真实情感,表达有创意,能具体明确、文从字顺地表达自己的见闻、体验和想法,作文修改能力和态度良好。 B.写作兴趣一般,写作习惯较好,能通过一些方法收集材料,能比较具体明确、文从字顺地表达自己的见闻、体验和想法,作文修改能力和态度较好。 C.写作兴趣不高,写作习惯有待加强,收集材料方式单一,基本能表达自己的见闻、体验和想法,作文修改能力有待加强。 D.写作兴趣欠缺,写作习惯较差,收集材料能力较弱,不能具体明确、文从字顺地表达自己的见闻、体验和想法,没有掌握作文修改的方法	1.全校现场作文竞赛。 2.课堂作文评价。 3.各种征文活动及文学大赛的参与

数学学科核心素养评价指标

表5-7 数学学科核心素养评价指标

评价要素	评价内容	评价标准	测评方式
算	1.口算。 2.竖式。 3.脱式计算。 4.简便计算。 5.四则混合运算	A.根据不同年级的内容，掌握本年级的计算内容和方法，并能运用所学的知识准确计算，在规定的测试时间内，计算正确率90%以上。 B.同A级要求，计算正确率80%以上。 C.同A级要求，计算正确率60%以上。 D.同A级要求，计算正确率60%以下	1.卷面测试。 2.口头抽查。 3.检查作业
解决问题（合作能力）	1.能在具体的情境中，发现并提出问题。 2.在自主探索与合作交流过程中，解决具有一定挑战性的问题，初步学会表达解决问题的大致过程和结果，有与同伴合作解决问题的能力和经验	A.善于合作，小组内充分自主探索和交流，不但能解决问题，还能在解决问题的过程中，学会完整表达，并体会解决问题策略的多样性，学会与同伴合作。 B.小组内自主探索和交流，能解决问题，能完整的表达，学会与同伴合作交流。 C.小组内自主探索和交流，勉强能听明白别人的解决思路。 D.参与组内的自主探索和交流，不会与同伴合作，基本上处于探索的游离状态	1.卷面测试。 2.口头交流。 3.课堂观察

续 表

评价要素	评价内容	评价标准	测评方式
预习	1.预习习惯与主动性。 2.不同年段的预习内容。 3.预习效果	A.具有很好的预习习惯，能主动自觉预习，按照不同年段的要求很好地完成预习任务，预习能较好地帮助旧知识的巩固和新知识的学习。 B.有预习的好习惯，能按照不同年段的要求完成预习任务，预习能帮助巩固和学习新知识。 C.未养成预习的习惯，按照不同年段的要求完成预习作业质量不高，预习不能很好地帮助巩固旧知和学习新知识。 D.不能按时按量预习，不能按照不同年段的要求完成预习任务，预习对新知识的学习没有作用。	1.预习作业的完成情况。 2.教师观察与评价。 3.小组观察与评价。 4.自我评价
上课	1.上课态度。 2.课堂参与度。 3.与人合作。 4.思维条理性。 5.思维的创造性	A.上课长时间认真听讲，作业质量高，积极举手发言并坚持发言，积极参与讨论，主动提问，主动尝试并表达自己的不同想法，善于与人合作与分享，虚心听取别人的意见和建议，能有条理地表达自己的观点和想法，解决问题的过程清楚、明了，做事有计划、有步骤，具有求异性和创造性思维，能用不同的方法有效地解决问题。 B.上课能持续认真听讲，作业按时按量完成，能举手发言与参与课堂活动，积极参与讨论与交流，能提出不同的想法和做法，能与人合作，能虚心接受别人的意见，能表达自己的观点与想法，有解决问题的能力，能用老师和同学提供的方法解决问题，有一定的思考力和创造力。	1.教师课堂观测、记录与评价。 2.小组课堂观测、记录与评价。 3.自我评价

续 表

评价要素	评价内容	评价标准	测评方式
上课		C.上课常不能认真听讲，作业有缺交现象，较少举手发言，不够自信，较少参与讨论与交流，不能主动与人合作与交流，较少接受别人的意见和建议，观点表达不够准确与合理，解决问题的能力较弱，思考能力和创造性较弱。 D.上课不能静心听讲，不能按时按量完成老师布置的作业，很少举手发言，极少参与讨论与交流，缺乏与人合作的精神和意识，难以接受别人的意见和建议，不能准确表达自己的意思和想法，思考能力差，缺乏创造性意识，不能独立解决问题	
说	分年级、分层测试方法，从流畅性、仪态举止、思维及表现力等方面来进行评价和分析，设置"优秀""达标""不达标"三个等级。引导学生关注生活、善于思考、自信表达，培养语言表达能力	A.优秀： 流畅性：表达很流利、清楚且连贯。 仪态举止：情绪非常饱满，表现自然且顺畅。 思维及表现力：自信、负责地表达自己的观点，有条理，有感染力，有说服力。 B.达标： 流畅性：表达较流利、清楚并且连贯。 仪态举止：表现自然，无不合适小动作。 思维及表现力：自信、负责地表达自己的观点，表达有条理，有一定的感染力和说服力。 C.基本达标： 流畅性：表达比较流利，比较清楚、连贯。 仪态举止：表现比较自然，无不合适小动作。	1.分年级设置不同的训练要求和标准。 2.小组进行观察与测评。 3.教师观察与评价

续表

评价要素	评价内容	评价标准	测评方式
说		思维及表现力：比较自信，基本能够负责地表达自己的观点，表达比较有条理。 D.不达标： 流畅性：表达不流利，思维混乱。 仪态举止：拘谨，仪态很不自然。 思维及表现力：不够自信，不能有条理地表达自己的观点和想法，缺乏感染力和说服力，思维不流畅	

英语学科核心素养评价指标

表5-8 英语学科核心素养评价指标

评价要素	评价内容	评价标准	测评方式
广泛阅读（英语）	课外英语阅读	A.阅读书目丰富，能写出简单的读后感（句子描述正确），同时有句子摘抄。 B.阅读书目比较丰富，没有读后感，但有句子摘抄。 C.阅读书目较单一，没有读后感和句子摘抄。 D.没有阅读	记录阅读的英文书目，能写出简单的读后感或摘抄句子。在综合学分平台上填写和申报。 侧重考查学生的学习能力和文化品格方面的培养
日常英语	看图对话	A.对话符合逻辑，能用正确的、完整的句子进行创造性对话。语音语调标准，语法正确。 B.对话符合逻辑，能用较为正确的、比较完整的句子进行对话。发音和语法有一定错误，但是不明显。 C.对话符合逻辑，用单个词回答，发音和语法有较明显错误。 D.不会提问或者答非所问。	两人一组，每组从备选的三幅图中选择其中一幅进行准备（3分钟），然后在2分钟内尽可能多地用不同的句型对话。 侧重考查学生的语言能力（听说对话）和思维品质方面的能力
说（英语）	用简单的英语互致问候。 模仿和交流有关个人、家庭和朋友的简单信息。 表达简单的感觉和情感。	☆☆☆ 语调、语音、节奏正确自然，声音洪亮；问答流利，内容正确；恰当运用日常用语交流，有个别语言错误，但不影响交际；能使用简单的交际策略（如重复、使用表情和手势等）完成交际任务。	问答。 简短会话。 看图说话。 根据提问给出答语。 根据话题进行口头交流。 个人叙述。 两人问答。

续表

评价要素	评价内容	评价标准	测评方式
说（英语）	对日常生活话题做简短叙述。讲述简短的小故事。	☆☆ 语调、语音、节奏比较正确自然，声音洪亮；问答比较流利，内容正确；能基本正确地运用日常用语，虽有一些语言错误，但不产生误解。 ☆ 语调语音不够自然顺畅，语言错误较多，但内容基本正确；能运用简单的日常用语，完成任务困难较多。	小组口试。 随堂记录
读（英语）	1.会认读单词和重点句子。（低段1~2年级） 2.有感情地朗读课文。（中段3~4年级） 3.流利背诵重点段落和精彩篇章。（高段5~6年级）	A.语音标准，语调有起伏，节奏、意群感强。整体流畅，模仿能力强，且有感染力。 B.语音标准，语调较好，节奏、意群正确，整体较流畅。 C.语音较正确，语调平淡，整体不流畅。 D.语音有错误，语调平淡、不流畅，基本没有感染力	1.能正确认读课后的单词和课文中的句子。采取个人认读的方式。（低段1~2年级） 2.朗读课本中指定的对话和篇章，注意流畅和感染力。采取同桌两人齐读的方式。（中段3~4年级） 3.随机抽课文段落和精彩篇章背诵，注意语音、语调。采取4人小组形式。（高段5~6年级）
写（英语）（预习作业）	字母大小写、单词和句子的正确书写方式及恰当使用常用的标点符号。写出简单的问候语和祝福语。制作简单的海报和图表等传达信息。	☆☆☆ 能正确书写26个字母的大小写，能正确抄写、仿写词句篇章，恰当使用标点符号，书写工整美观。编写的故事语句通顺、语法正确、表达完整。 ☆☆ 能正确书写26个字母的大小写，比较正确抄写和仿写词句篇章，标点符号的使用比较恰当，书写比较工整美观。编写的故事语句比较通顺，语法虽有一些错误，但不影响意思的表达。	抄写。 仿写。 看图写话。 根据提示信息描述自己家庭和朋友的信息，编写简短的故事

续表

评价要素	评价内容	评价标准	测评方式
写（英语）（预习作业）	根据图片、词语或例句的提示，写出简短的描述，编写简单的故事	☆ 26个字母和词句篇章的书写格式不够规范，有部分错误，标点符号的使用不够恰当。有部分语法错误，但意思比较连贯完整	
认真上课（英语）	1.学习的能力和效率。 2.学习过程中的情感态度。 3.学习的方式和策略。 4.整节课的学习效果以及综合语言的运用能力	A.通过课堂上的英语学习，能建立起积极主动的学习情感，能够很好地运用所学的语言知识和语言技能，形成与他人沟通的能力，交流个人情感、文化异同以及对事物的看法和观点，学习不同的文化和科学知识，同时能很好地发展学习策略，促进认知与思维能力的发展，增加对文化异同的认识和敏感性，能积极主动地、更好地了解并学习传播祖国文化，提高自身的人文素养。 B.通过课堂上的英语学习，能建立起较积极主动的学习情感，能够比较好地运用所学的语言知识和语言技能，逐步形成与他人沟通与交流的能力，分享个人情感、文化以及对事物的看法和观念，学习不同的文化和科学背景下的知识，同时能比较好地发展学习策略，促进认知与思维能力的发展，增加对文化异同的认识和了解，并且能积极主动地、更好地了解并学习与传播祖国文化，提高自身的人文素养和价值信念。 C.通过课堂上的英语学习，能建立起一定的学习情感，能够运用所学的语言知识和语言技能，形成基本的沟通能力，同时能发展一定的学习策略，促进基本思维能力的发展，能了解并学习传播祖国文化。	分别从以下几个方面进行评价： 1.语言技能：听、说、读、写、玩、演、做、唱、试听等。 2.语言知识：语音、词汇、语法、功能、话题。 3.情感态度：兴趣、自信意志、合作精神、祖国意识和国际视野。 4.文化意识：文化知识、文化理解、跨文化交际意识和能力。 5.学习策略：认知策略、调控策略、交际策略、资源策略

续表

评价要素	评价内容	评价标准	测评方式
认真上课（英语）		D.通过课堂上的英语学习，逐步建立起一定的学习情感体验，能够运用曾学习过的语言知识和语言技能，形成人基本的沟通能力，没有很高效的学习策略，整体学习效果不理想	

科学学科核心素养评价指标

表5-9 科学学科核心素养评价指标

评价要素	评价内容	评价标准	测评方式
探究过程	1.《科学知识与能力训练》记录情况。 2.团队合作	A.勇于担任小组分工角色，积极参与探究实践，记录及时、翔实，互助合作、讨论交流和谐、有序、充分、效能高。 B.参与探究实践过程，记录不及时，讨论交流很少发表自己看法。 C.参与探究实践，不记录，不参与讨论交流。 D.不参与探究实践	1.教师检查和学生互查相结合，每个单元给予评价记录。 2.教师和小组长共同对学生课堂表现、团队合作方面进行评价记录
课堂表现	1.上课态度。 2.课堂是否积极自信。 3.思维的条理性	A.始终保持积极主动的学习态度，兴趣浓厚，探究欲强，参与度高，思维活跃，乐于合作。 B.认真上课，学习活动参与度不高，思维不够活跃。 C.上课需要老师和学生提点，学生活动参与度不高。 D.上课容易分心，思维不紧随教学内容	1.教师根据学生课堂表现，及时记录。 2.小组内互评，评定等级
学业水平	1.三年级自行命题，期末评测。 2.四至六年级按照南山区统一期末评测	A.80分以上。 B.70~79分。 C.60~69分。 D.60以下	期末评测，统一阅卷

续表

评价要素	评价内容	评价标准	测评方式
科技活动	1.学校科技节。 2.南山区科技节。 3.南山少年创新院小院士评选。 4.中国少年科学院小院士评选。 5.香港科学常识百搭活动。	A.积极参与科技社团的活动和学校的科技节活动,根据自身特长,参与区级以上科技活动。 B.参与学校的科技节活动,并获得奖项。 C.参与学校的科技节活动。 D.不参加学校的科技节活动	根据学生奖状获得等级,教师审核评价

美术学科核心素养评价指标

表5-10　美术学科核心素养评价指标

评价维度	评价项目	评价内容	评价标准	测评方式
基础课程	课堂作业及期末测查	1.绘画类课堂作业评价。 2.手工类作业评价。 3.期末测查	A.画面饱满，表现生动，色彩有设计的优秀作业。 B.画面基本完整、形象表现较好、色彩完整的较好作业。 C.造型、色彩、装饰方面不完整，耐心不够的一般作业。 D.对待作业的态度不积极，作业的呈现很不满意	每完成一幅作业，都要进行等级评价，学期末综合进行评比
	课堂表现	1.上课态度。 2.课堂表现。 3.善于思考	A.自始至终始终保持积极主动的学习态度，兴趣浓厚且长久，探究性强，参与度很高，思维活跃，乐于合作。 B.上课认真，学习活动参与度不是很高，思维不够积极活跃。 C.上课时常需要老师和同学提醒，学习和课堂活动参与度不高。 D.上课易分心开小差，思维不紧随教学内容，对他人和课堂造成影响	教师和小组长共同对学生课堂表现、团队合作方面进行评价记录

续表

评价维度	评价项目	评价内容	评价标准	测评方式
活动课程	各级各类活动	活动参与度与参与效果	A.积极参与，效果明显。 B.积极参与，效果一般。 C.参与不积极，态度欠佳。 D.参与不积极，对活动造成影响	根据活动过程中的参与情况进行评价
特色课程	美术比赛	获奖情况	A.市级及以上获奖。 B.区级获奖。 C.校级获奖。 D.年级获奖	对学生在各级各类比赛中的获奖情况进行评价

品德学科核心素养评价指标

表5-11 品德学科核心素养评价指标

评价要素	评价内容	评价标准	测评方式
班级服务	1.服务岗位。 2.服务意识。 3.服务效果	A.主动承担为班级服务的工作任务，工作积极主动，工作效果优秀。 B.主动承担为班级服务的工作任务，工作积极主动，工作效果良好。 C.主动承担为班级服务的工作任务，工作积极性一般，工作效果一般。 D.没有承担为班级服务的工作任务	1.问卷调查。 2.同学互评
守纪乐群	遵规守纪	A.严格遵守《中小学生守则》，遵守校规校纪。无违纪、违规行为。 B.遵守《中小学生守则》，遵守校规校纪。无严重违纪、违规行为。 C.有违反《中小学生守则》和校规校纪行为。 D.严重违反《中小学生守则》，违反校规校纪	依照各种检查结果、记录等
理解关爱	处事行为	A.与同学和谐相处，热爱班集体，乐于奉献，乐于助人。 B.与同学和谐相处。 C.基本能与同学和谐相处，偶尔发生摩擦。 D.不能与同学和谐相处，有严重吵架行为	1.教师根据学生表现，及时记录。 2.小组内互评，评定等级
卫生习惯	1.班级卫生。 2.个人卫生	A.在学校、教室不乱扔垃圾，个人桌面、抽屉及地面保持整洁，个人穿着整洁。 B.在学校、教室不乱扔垃圾，个人桌面、抽屉及地面偶尔不整洁，个人穿着偶尔不够整洁。	1.教师根据学生表现，及时记录。 2.小组内互评，评定等级

续表

评价要素	评价内容	评价标准	测评方式
卫生习惯		C.在学校、教室偶尔有乱扔垃圾现象,个人桌面、抽屉及地面不能保持整洁,个人穿着整洁程度一般。 D.在学校、教室乱扔垃圾,个人桌面、抽屉及地面不能保持整洁,个人穿着不整洁	
礼仪善行	1.是非观。 2.礼仪知识	A.80分以上。 B.70~79分。 C.60~69分。 D.60以下	问卷调查或试卷考核
诚实守信	1.诚信意识。 2.诚信行为	A.履行承诺、说到做到,没有不诚实的言行。 B.基本做到履行承诺、说到做到,有少量不诚实的言行。 C.基本做到履行承诺、说到做到,偶尔有不诚实的言行。 D.不能履行承诺、说到做到,经常有不诚实的言行	1.教师根据学生表现,及时记录。 2.小组内互评,评定等级
社区服务	1.志愿者。 2.各种活动。 3.活动表现	A.有参加校内外志愿者活动,积极参加学校各项活动,表现出色。 B.积极参加学校组织的各项活动,表现积极。 C.参加了学校组织的各项活动,表现一般。 D.不参加学校组织的活动	1.根据学生提供的依据。 2.教师在活动后的评价
生活常能	1.整理书包。 2.打扫教室	A.书包收纳整齐,从不遗忘作业等学习用品,积极参与班级卫生打扫,打扫效果好。 B.书包收纳整齐,偶尔遗忘作业等学习用品,积极参与班级卫生打扫,打扫效果一般。 C.书包收纳一般,偶尔遗忘作业等学习用品,积极参与班级卫生打扫,打扫效果一般。 D.书包收纳杂乱,经常遗忘作业等学习用品,偶尔不参与班级卫生打扫,打扫效果一般	1.教师根据学生表现,及时记录。 2.小组内互评,评定等级

续 表

评价要素	评价内容	评价标准	测评方式
阳光体育	1.出勤率。 2.参与表现	A.阳光体育参与率100%，态度认真，动作到位。 B.阳光体育参与率90%以上，态度认真，动作到位。 C.阳光体育参与率50%以上，态度一般，动作不到位。 D.阳光体育参与率未达50%，态度不认真，动作不到位	1.教师根据学生表现，及时记录。 2.小组内互评，评定等级

体育学科核心素养评价指标

表5-12 体育学科核心素养评价指标

评价要素	评价内容	评价标准	测评方式
课堂表现（体育）	1.出勤率。 2.上课态度。 3.运动密度与强度。 4.团队精神	A.学期出满勤，上课非常认真，积极参与体育活动，运动密度与强度达到课堂要求，具有协作意识和团队精神。 B.学期出勤率达到95%以上，遵守请假制度，上课认真，能比较积极地参与体育活动，运动密度与强度基本达到课堂要求，具有一定的协作意识和团队精神。 C.学期出勤率达到90%以上，遵守请假制度，上课比较认真，能参与体育活动，运动密度与强度略低于课堂要求，有团队精神。 D.学期出勤率低于90%，不遵守请假制度，上课不认真，不按要求参与体育活动，运动密度与强度略达不到课堂要求，团队精神欠缺	1.教师课堂观测与评价。 2.小组课堂观测与评价。 3.自我评价
体质测试	参照《国家学生体质健康测试》一至六年级测试项目	参照《国家学生体质健康测试》一至六年级测试标准，评定"优秀""良好""合格""不合格"四个等级	参照《国家学生体质健康测试》相关要求和流程进行测试，校内测试与校外机构测试相结合
随堂测试	体育教师根据年级不同要求进行随堂测试	根据各年级要求，评定"优秀""良好""合格""不合格"四个等级	随堂测试

信息技术学科核心素养评价指标

表5-13 信息技术学科核心素养评价指标

评价要素	评价内容	评价标准	测评方式
课堂表现	1.出勤率。 2.课堂纪律。 3.期初—期中。 4.期中—期末	A.课堂表现优秀，无重大违反课堂纪律行为。 B.在课堂上表现一般，偶尔有违反课堂纪律行为，以5次为限。 C.在课堂上表现较差，违反课堂组织纪律超过5次的或两次及以下重大违纪行为的。 D.在课堂上毫无组织纪律可言或有3次及以上重大违反纪律的行为	课堂记录表现总体评价，分别占期末总评各0.5分，共计1分
平时课堂任务	1.作业提交量。 2.作业完成质量	A.提交该学期应提交随堂作业的90%以上。 B.提交该学期应提交随堂作业的70%以上90%以下。 C.提交该学期应提交随堂作业的50%以上70%以下。 D.提交该学期应提交随堂作业的50%以下	作业记录，每次作业记录为A、B、C、D四级，利用公式折算给出总评等级。占期末总评的2个学分
期末在线测评	在线测评试题	A.在线测评成绩在75分以上。 B.在线测评成绩在55分以上。 C.在线测评成绩在40分以上。 D.在线测评成绩在40分以下	全区在线统一考试。占期末总评2个学分

音乐学科核心素养评价指标

表5-14 音乐学科核心素养评价指标

评价要素	评价内容	评价标准	测评方式
基础指标	1.演唱。 2.欣赏	A级： 1.能按要求参与独唱与齐唱，与伴奏相配合，音准正确、节奏准确、音色优美、有表现力。 2.能安静地聆听音乐、专注地欣赏同学的演唱。感受乐曲音色、力度、速度、节拍、旋律、情感的变化	1.课堂记录。 2.学生档案。 3.课堂展示
		B级： 1.能按要求参与独唱与齐唱，与伴奏相配合，音准正确、节奏准确。 2.能安静地聆听音乐、专注地欣赏同学的演唱。感受乐曲音色、力度、速度	
		C级： 1.能按要求参与独唱与齐唱，与伴奏相配合。 2.能安静地聆听音乐、专注地欣赏同学的演唱	
		D级： 1.能参与独唱与齐唱，与伴奏相配合。 2.不能安静地聆听音乐、专注地欣赏同学的演唱	
学业指标	1.创作。 2.合作。 3.表现	A级： 1.能够在唱歌和聆听音乐时即兴地律动、创编简单的旋律。 2.能组织、协调、配合各种音乐活动，与同伴合作。 3.能有艺术水准地参与音乐艺术活动	1.课堂展示。 2.小组合作

续表

评价要素	评价内容	评价标准	测评方式
学业指标		B级： 1.能够在唱歌和聆听音乐时即兴地律动。 2.能协调、配合各种音乐活动，与同伴合作。 3.能主动地参与音乐艺术活动	
		C级： 1.能够在唱歌和聆听音乐时参与律动。 2.能配合音乐活动，与同伴合作。 3.参与音乐艺术活动	
		D级： 1.在唱歌和聆听音乐时不参与律动。 2.不能与同伴合作。 3.不参与音乐艺术活动	
发展指标	艺术特长	A.在学校各种现场艺术活动中精彩地展现某一艺术项目的特长（包括声乐、器乐、舞蹈、表演、戏曲等）。 B.在学校各种现场艺术活动中很好地展现某一艺术项目的特长（包括声乐、器乐、舞蹈、表演、戏曲等）。 C.在学校各种现场艺术活动中初步展现某一艺术项目的特长（包括声乐、器乐、舞蹈、表演、戏曲等）。 D.没有才艺展示	1.班及音乐会。 2.校园才艺大赛。 3.艺术节

综合实践学科核心素养评价指标

表5–15　综合实践学科核心素养评价指标

评价要素	评价内容		评价标准	测评方式
五项基础学力	做（综合实践）	参与程度	A.探究实践过程中积极性高，自我评价与同伴评价优秀。每学期积极参与三次以上主题活动，能制定具体可行的活动方案，形成自己的研究成果，并采用不同的形式呈现活动成果。 B.探究实践过程中积极性一般，自我评价与同伴评价良好。每学期能参与两次以上主题活动，能制定基本的活动方案，形成自己的研究成果，并采用一定的形式呈现活动成果。 C.探究实践过程中参与度不高，自我评价与同伴评价及格。每学期只参与一次主题活动，能制定活动方案，形成基础的活动成果。 D.探究实践过程中不参与，不发言，无自我评价与同伴评价，没有参与主题活动方案设计与研究成果展示	1.运用观察法，观察学生在探究过程中的行为表现与情绪情感的体验投入，给出评价。 2.采取自我评价与同伴评价相结合的方法，针对活动过程中的投入度与思考方式进行自我反思和同伴互评。 3.运用记录法。记录学生参与综合实践主题活动的次数。检查学生每次在活动中是否制定了可行、灵活多样的活动方案。收集记录学生不同形式的活动成果，包括对资料的收集整理与研究报告等
		研究成果		

安全评价和社团评价核心素养评价指标

表5-16　安全评价核心素养评价指标

评价要素	评价内容	评价标准	测评方式
安全意识	安全意识	A.自觉守规则、守纪律，课间文明游戏，见到不安全的行为能劝导制止。 B.自觉守规则、守纪律，课间文明游戏。 C.比较守规则，不做危险游戏。 D.不太守规则，安全意识有待提高	学生自我评价、学生互相评价与班主任评价相结合
	自护效果	A.自我保护到位，全学期都安全快乐成长，能积极参加维护校园平安的公益活动。 B.自我保护到位，全学期都安全快乐成长。 C.自我保护比较到位，但出现轻微伤害事故。 D.因自身行为不文明，导致自身或他人受到比较严重的伤害	学生自我评价、学生互相评价与班主任评价相结合

表5-17　社团评价核心素养评价指标

评价要素	评价内容	评价标准	测评方式
社团活动	出勤	A.参加每一次活动。 B.有3次以下请假。 C.有3次以上请假。 D.请假5次以上	自评与教师评价相结合
	活动情况	A.活动热情高，遵守纪律，团结协作，成长显著。 B.活动较积极，遵守纪律，团结协作，成长较快。 C.活动较积极，遵守纪律，有一定成长。 D.参加活动，有一定成长	自评与教师评价相结合

育才学校一至二年级期末评价周评价指标

为了落实素质教育的要求，全面考查学生的学习能力，体现新课程改革的特色，探索测评的新途径、新方法，每学期期末，我校将在一年级和二年级采用"评价周"的方式，对学生进行综合测评，现列举一年级期末测评标准。

一年级第一学期期末评价周测评（见表5-18至表5-20）：

表5-18　一年级第一学期语文学科期末评价周测评

项目	内容	测评方法及标准
识字	识字表300个字	一对一口试。要求：能快速、准确读出字音。不会读的字，可以补测，有三次机会
写字	写字表100个字	1月4日百词赛。看拼音，写词语。要求：书写正确、美观。卷面上既有正确率评价，又有书写等级评价
笔画	写字表100个字	能熟练掌握生字的笔顺和笔画数量
组词	写字表100个字	能熟练地组一个词，词语不会写的字用拼音代替
背诵	书上要求背诵的篇目	抽签选取背诵课文，要求正确、流利、有感情
口语交际	口语交际	共6个话题，抽签选取题目。要求：语言通顺，表达清楚，有自己的想法
综合测试	整册教材的内容	闭卷考试，满分100分

表5-19　一年级第一学期数学学科期末评价周测评

项目	内容	测评方法及标准
计算	20以内的加减法，退位减法除外	100道题20分钟完成，95分以上为合格，不合格需重考，直到合格为止
解决问题	看图写算式和应用题	其中看图写算式14题，应用题3题，总共100分，85分以上为合格，不合格需重考

续表

项目	内容	测评方法及标准
动手操作	拨时间和摆物品	在钟面上拨时间，在桌面上按要求摆书本，操作错误需重新操作，直到合格为止
综合	整册教材的内容	做一张试卷，85分以上为合格，不合格需重考，直到合格为止

表5-20　一年级第一学期英语学科期末评价周测评

项目	内容	测评方法及标准
歌曲说唱	会唱本册歌曲和说唱	以A、B、C等级评判，评判标准：A.唱的歌词和音调准确；B.唱对歌词或音调；C.没唱准歌词和音调
看图说话	看图能回答问题	一对一问答，本册的句型和句子
日常口语	会对答本册课本中的对话用语	回答准确、大声、流利
认读句子	能正确、流利、有感情地朗读课文	要求准确、大声、流利
认读单词	书62~64页，110个单词	一对一口试。以A、B、C等级评判，评判标准：A.在30秒内能快速、准确读出25个单词及以上；B.读出18~24个单词；C.读出10~17个单词；没达到C级的学生学补测，有一次机会
综合测试	整册教材的内容	闭卷考试，满分100分

一年级第二学期期末评价周测评（见表5-21至表5-23）：

表5-21　一年级第二学期语文学科期末评价周测评

项目	内容	测评方法及标准
识字	本册要求会认的450个汉字（识字表）	一对一进行口试，对于自己的测评情况不满意的学生可以申请补测。最后，根据生字掌握情况（正确率）给分数
写字	本册要求会写的250个汉字（词语表和写字表）	1.百词大赛。 2.生字词过关
组词	辨析形近字、多音字	试卷测评，给形近字、多音字组词
查字典	用音序、部首查字法查字典	试卷测评，会用音序、部首查字法查字典
书写	书写工整、美观	全校百词语大赛中获得等级
阅读	课外短文阅读	试卷测评，根据短文回答问题

续表

项目	内容	测评方法及标准
背诵	语文书上要求背诵的课文及各班自主背诵的内容	各班教师一对一测试
习作	看图写话	试卷测试：内容完整，语句通顺，表达清楚，能正确使用标点符号
口语交际	根据话题进行交流	标准：语言清晰，表达生动流利，落落大方
综合测评	期末综合测评	南山区期末综合试卷

表5-22　一年级第二学期数学学科期末评价周测评

项目	内容	测评方法及标准
计算	表内乘除法、100以内的加减法；加减混合竖式计算	测试不同类型的计算试题，时间20~30分钟
实践应用	测量	学会测量、简单的单位换算，掌握1米=100厘米，恰当选择单位
解决问题	看图列式和利用所学知识解决实际问题	会分析、解决问题，并能根据题意列出正确的算式并解答
综合能力	本学期所学全部内容	全面考查学生掌握本学期所学知识。试卷检测

表5-23　一年级第二学期英语学科期末评价周测评

项目	内容	测评方法及标准
口语	儿歌、猜谜语、看图回答问题等（附口语试卷）	考查学生听力及口语的流利程度和日常英语的口语交际能力。随堂测试
书写	抄写课文中的句子、单词及字母	根据平时抄写作业的情况来定等级。要求书写规范、书面整洁、抄写内容无误、有正确的大小写和标点符号
朗读	朗读课文	随机抽查全书任意课文朗读，要求发音正确、语调标准、语速流利、富有感情。随堂测试
字母与词汇	考查字母和已学词汇	考查学生对一年级和二年级单词及字母的记忆和运用。试卷测试
综合测试	听力+笔试：测试本学期的学习内容	考查学生对本学期所学教材的综合运用能力。试卷检测

第六章 "融"——课程的未来探索

基于微信平台泛在学习提高小学生英语能力的研究

泛在学习（U-Learning），又名无缝学习、普适学习等，顾名思义就是指每时每刻的沟通，无处不在的学习，是一种任何人可以在任何地方、任何时刻获取所需的任何信息的方式。泛在学习是数字学习（E-learning）的延伸，克服了数字学习的缺陷或限制。随着移动通信技术的进步，移动学习（M-Learning）逐渐引入泛在学习体系。学生乐于用微信进行交流，也喜欢通过各类微信公众平台了解更多新鲜资讯，通过微信平台这种泛在学习方式，可以为学生提供更感兴趣的知识，不仅能在形式上吸引学生，而且在内容上也使学生对学习产生了浓厚的兴趣。

一、运用微信促进学生的个性化英语学习，提高学生学习兴趣

1. 微信创设语言环境，渗透文本教学

语言习得理论认为，语言学习不是独立的教育过程。语言的发展总是和人们其他方面的发展相联系的。而教育者的责任是为学生提供一种整体的学习情境，语言发展是这个学习情境的有机组成部分，而不是唯一的最终结果。教学应该在有意义的情境中进行，最理想的情境就是学生可以运用所学过的知识，建构新的知识系统。

巧妙利用学生熟悉的动画人物，模拟微信对话，为学生创设就暑假计划展开讨论的语境。这种英语教学实际话题与微信对话巧妙结合的环节，极大地激发了学生兴趣，教师尽可能地创设真实的环境，设计合理的教学任务，让学生有更多的机会参与到课堂或其他形式的教学中来，使他们能更好地综合运用他们所学的语言，在相互交流中学会交际、学会学习。

2. 微信作为工具，分享微课资源

以往教学过程中，教师多采用英语歌曲、英语短片、热身游戏等内容丰富的教学形式。而随着"微时代"的到来，微信课堂的学习内容可以反复浏览，不受时间限制，可以让学生用更方便的方式获取他们想要的知识。将微信作为播放工具，英语课堂的课前热身、导入环节或者高年级语法讲解环节都可以选择适合的微课资源进行播放。内容可以是教师提前拍摄剪辑好的视频、教师自己演唱的歌曲或歌谣、本班学生提前拍摄的短片，让学生在上课前模仿练习，并集体展示。例如，在学校英语节期间，请外教老师录制《疯狂动物城》的主题曲 *Try everything*，视频共享在微信群里，学生课前学习歌曲，并在开幕式上表演了这首歌曲。

3. 微信时时对讲视频，深化学习内容

微信主要是通过图片、语音教学，教师还会根据学生的学习重点上传相关视频，让学生更加深入地了解学习内容的相关背景知识，更好地推广自己的教育思想和理念，提高学习兴趣，让学生从中受益。例如，在六年级上册讲到 Festivals 时可以在课堂上连线语文老师讲解和拓展中国的节日和习俗，同时也可以在课堂上与外教现场视频，请外教讲解西方的节日和习俗，甚至谈到不同国家的社会差异和文化差异，提升学生的文化意识和文化品格。

二、利用微信平台辅助课后学习，拓宽学生的学用途径

微信的一大亮点在于能够发送即时语音消息。微信所提供的聊天环境，可以是语音，可以是视频，也可以是留言。日常教学中可利用微信这一首要功能，布置英语听、说、背、读、演几个方面的作业，为学生开辟"开口讲"的渠道，逐渐养成学生的视听和读写习惯，培养学生的语言能力、思维品质、文化品格和学习能力。

1. 微信朗读背诵型作业实践

日常教学中，布置微信群朗读背诵型作业：鼓励学生在背诵群里发送微信语音消息，进行课文或单词朗读；发送视频文件、微信小视频等，进行课文背诵，并要求完成的学生打卡接龙并评价前面两位同学的背诵情况并给出等级，同时教师将微信作业按照时长、朗读效果、背诵互评情况进行多种奖励：微信家长群表扬、课堂口头表扬、积分兑换礼物等。在布置作业时，要求学生模仿课文录音的语音语调，学生精益求精，反复听读录音后才进行朗

读发送，在潜移默化中已形成语感，同学之间互评不仅让学生更加精准地掌握了语言知识，也让学生逐渐养成了乐于倾听、善于倾听的好习惯。教师也易于发现学生在发音和语调方面的优点及不足，及时指导点评。

2. 微信阅读型作业实践

整学期或寒暑假期间，布置阅读作业：学生自行选择教师推荐书单中感兴趣的读本，摘录喜欢段落进行录音朗读，期末或期初进行班级评比。这样能够充分发挥学生的主观能动性，激发学生的阅读欲望，使学生能够主动完成选书—阅读—摘抄—朗读这种自主阅读过程。微信语音消息这一新颖的作业方式，契合信息化时代下的学生生活。拿起手机发送微信语音具有用时短、回复快、可撤回等特点，操作简单且便于修改，实践后学生及时甚至额外完成阅读任务。

3. 微信写作型作业实践

在单元主题学习后，依据学习的重点和难点布置相关题目的作文练习，通过微信时时传输图片，教师及时批改和反馈，学生及时订正，从而有效提高学生的语言应用能力和写作技能。

三、运用微信开展差异化英语学习，提高学习效果的实践与探究

微信独特的及时通信功能，加上其能方便地发送语音短信、视频、图片、文件和文字的功能，除了为日常教学提供了新的参考，更为教师的差异化教学提供了便利，跨越了时间和空间的距离，很好地弥补了班级教学存在的不利于因材施教的不足。

1. 运用微信平台组建后进生进步群，为后进生学习助力

班级教学常常存在两极分化的情况，班级的后进生常常是教师教学中面临的一大难题。但是课堂时间有限，课后面对面辅导的时间也有限，一时的辅导也很难取得明显的进步。通过组建后进生进步群，把学习上存在困难的学生组织到一起，平时在群里针对后进生的情况不定时发布学习的重难点内容、语音视频讲解等，并配上相应的练习，帮助后进生进行巩固。后进生在学习上遇到疑问时也可通过群随时随地联系到教师，及时解惑。

2. 运用微信组建不同类型的培优群，为优等生提供更高的平台

班级的两极分化中还存在一类成绩突出的学生，他们的接受能力、自

学能力、做题速度等比班上大部分学生强，教师讲过的知识很快能掌握。组建培优群，教师可以根据学生的英语特长，把有同样特长的学生组建成微信群，在学生掌握了课本知识的前提下另外安排学习任务，进行培优学习。同样，教师可通过群及时了解学生的学习动向，进行调控指导。

例如，为迎接南山区阅读技能素质大赛，我校特地开展了阅读选拔比赛，选出了20名优秀的阅读种子选手，并组建了英语阅读技能大赛备赛群，为学生们推荐了阅读理解的资料，在群里布置每天的阅读任务，让学生们接龙打卡。通过英语阅读技能大赛备赛群的组建，学生们彼此监督，互相学习，有竞争，有合作，同时，教师能够及时掌握学生的练习情况，进行引导和宏观调控。

3. 运用微信平台组建各类临时任务群，灵活组织教育教学工作

针对一部分学生在词汇、语法、语音方面存在的共性问题或学习习惯，教师可利用微信平台成立临时任务群，打破班级界限，帮助此部分学生解决学习问题和思想问题，待问题解决之后，群体解散。例如，在日常的教学中，如果发现一部分学生在某个知识的理解上存在共同的薄弱环节，教师可临时组建群，把相应的学生邀请入群，专门讨论这个问题，并布置相应的习题训练，帮助学生梳理该知识点，待学生完全掌握后解散该群。学生心情放松，没有课堂的压力与紧张，主动性强，学习效果自然就更好了。这种解决特定问题的形式也得到了家长与学生的高度评价。

4. 运用微信进行课后一对一特别指导

除了组建群组进行因材施教教学，教师和学生一对一使用微信进行沟通交流也是进行个性化教学的有效途径之一。学生在家学习英语时，难免会遇到一些问题，但有些学生的薄弱环节是听力，有些则是口语，有些则是书写。利用微信文字、图片或语音进行知识点讲解，教师可以不受时间和地点的限制，及时方便地查看和评价。这种讲解与指导方式更有针对性，便于帮助学生解决不同方面的疑问与难题。老师在学生的眼中不再是教室内的"权威者"，而成了身边的"协助者"，能够随时随地、无障碍地通过微信聊天，亲切的语音指导、聊天表情，也与学生拉近了距离，激发了学生学习英语的潜在动力。例如，"吴政泽学习习惯转变群"，群成员有学生的父母和老师，老师开诚布公地向家长反映学生的在校情况，并要求家长配合管理和督促，取得了较好的效果。张腾予和孙墨晗同学对阅读理解中的问题及答案提出了自己的解题思路和疑问，得到了老师的鼓励和讲解，加深了对题目和文章的理解。

四、对比实验

在课题研究过程中，课题组成员对六年级实验前的单元考试成绩和最近的一次单元考试成绩进行了跟踪记录，对两次单元测试的成绩数据进行了比较，从中不难发现，学生的成绩在上升，A级人数在增加，B级与C级人数显著减少。最低分数的分值在升高，失分率明显下降，后进生稳步前进（见图6-1、图6-2）。

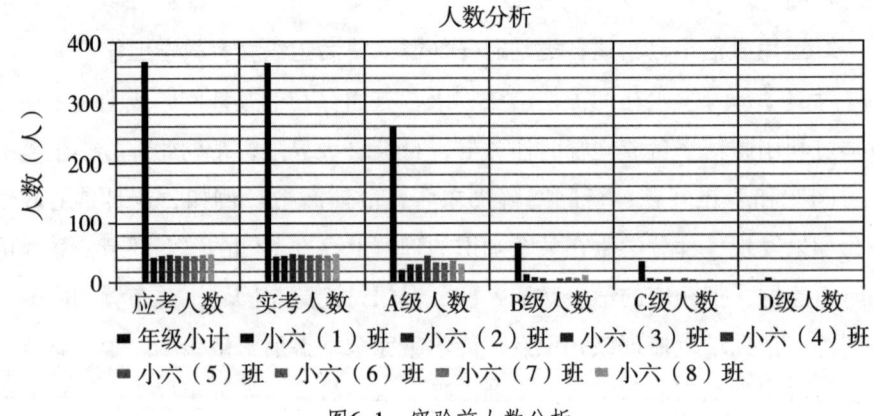

图6-1　实验前人数分析

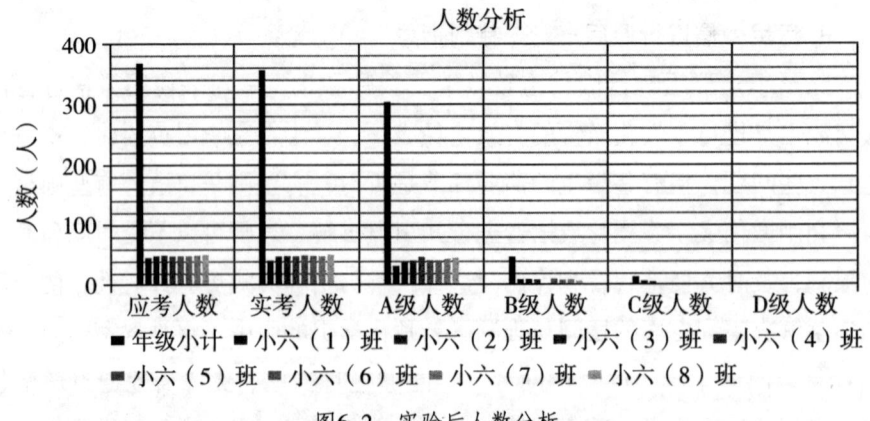

图6-2　实验后人数分析

数据表明，微信平台下的英语教学和微信朋友圈分享的尝试和实践研究，有助于学生对于词汇、语法、句型、课文等语言知识的学习，并能够促进听、说、读和思维能力的潜在性发展，提高学生综合运用语言知识的能力

（见图6-2）。

五、结论与展望

本课题研究至今，虽然取得了预期的成果，但也存在着问题，如在如何进一步利用和推广微信平台教学、教师怎样利用微信平台泛在学习、进一步构建教师公众号等方面的探究还存在许多不足。今后可以依据英语教学的特点，结合我校学生的学习情况，继续对微信平台在小学英语教学教研方面的应用做进一步研究，充分发挥课题组的集体作用，不断提高教师理论联系实际的能力，积累具有教师个人教学特色的教学案例、教学设计和论文等，在教学中反复实践，借助研究课及观摩课的形式不断将其完善，及时交流和沟通学习研究心得和感悟，切实提高学生英语学习能力。

大数据背景下"因材施练"提高小学生口算能力的研究

一、问题提出的背景

长期以来口算是学生数学学习的一项基本素养，它直接影响着学生的数学成绩，甚至影响学生将来在数学方面的发展，它是数学的基础，提高学生的口算能力是学习数学的一项重大任务。借用大数据的分析手段，可以清晰呈现出学生口算得分背后的差异性，让我们更个性化、更全面地看待学生的发展，及时掌握学生的学习情况，为其制定有针对性的学习内容和训练方向，真正意义上实现因材施教。

因此，我们基于大数据背景，设计了个性化的因材施练口算App提高小学生口算能力的实验研究，本课题有极高的理论价值和实践意义。其理论价值是：站在大数据长河中，利用优化算法，对学生的计算信息进行分析处理，构建新的优算模型，为因材施教的实施提供积极的引领和借鉴价值。其实践意义是：对学生来讲，确实做到"因材施练"，口算练习真正具有针对性和目标性，从而提高了效率，提高了学生的数学成绩，最终提升了学生的数学学习兴趣，使学习事半功倍，减少了练习却可达到最佳的效果。

二、国内外相关研究

从目前已经收集的文献资料中我们发现，对计算优化的研究为零，有的是针对不同学生布置不同作业，即分层布置作业。而对于同样成绩的学生，是不是给这群学生布置的作业适合每一个学生？笔者提出了思考。我们调研发现目前很多网站上有计算练习软件或App，这些软件都是随机出题，并且电脑改题，很多题目都是重复出现的，学生在做重复练习，而没能实现针对性练习和个性化练习。这就给我们提供了一条思路，在大数据背景下，是不是每个学生都可以依据自己的情况来做计算练习呢？于是我们进行了大胆的探索，真正实现了因材施练的因材施教构想。

基于大数据的分析包括以下五个基本理论。

1. 可视化分析（Analytic Visualizations）

不管是对数据分析专家还是对普通用户，数据可视化是数据分析工具最基本的要求。可视化可以直观地展示数据，让数据自己说话，让观众听到结果。

2. 数据挖掘算法（Data Mining Algorithms）

可视化是给人看的，数据挖掘就是给机器看的。集群、分割、孤立点分析还有其他的算法让我们深入数据内部，挖掘价值。这些算法不仅要处理大数据的量，也要处理大数据的速度。

3. 预测性分析能力（Predictive Analytic Capabilities）

数据挖掘可以让分析员更好地理解数据，而预测性分析可以让分析员根据可视化分析和数据挖掘的结果做出一些预测性判断。

4. 语义引擎（Semantic Engines）

非结构化数据的多样性带来了数据分析的新的挑战，我们需要一系列的工具去解析、提取、分析数据。语义引擎需要被设计成能够从文档中智能提取信息。

5. 数据质量和数据管理（Data Quality and Master Data Management）

数据质量和数据管理是一些管理方面的最佳实践。通过标准化的流程和工具对数据进行处理可以保证一个预先定义好的高质量的分析结果。

我们要充分挖掘数据本身的含义，依据这些含义帮我们分析、处理、解决问题，优化学生的学习过程，提高学生的学习效率。

三、问题研究的目标、方法和思路

以《义务教育数学课程标准（2011年版）》小学内容为准则，研究目前小学生口算情况，针对学生目前口算情况采取相应对策，改变练习方式和训练模式，提高学生训练效率。研究口算具体内容：10以内的加减法、20以内的加减法、100以内的加减法、表内乘除法口算练习、三位数加减法，整十、整百、整千乘除法等。我们试图根据内容建立内容数据库，根据学生的大量练习，利用算法寻找学生的共性和个性错题，建立共性和个性题库，对错题进行分类整理，建立一个差别数据库，并对错题进行加工，形成差别类题库集。我们尝试对学生练习行为进行分析，找出错误的主要问题及解决办法，并对目前教材口算题型进行分析并分类梳理，寻找出典型题目并研究其特殊之处。

我们制定因材施练口算宝典App框架设计、内容设计和桌面设计等，涵盖小学所有的年级，设计并制作口算宝典，因材施练，利用信息化手段减轻学生负担，节约学生在口算练习中所花的时间，提高口算质效，利用有效的练习、有针对性的练习提高学生口算素养，我们会深入研究评价系统推送算法和界面友好性设计。

本问题研究的思路是文献研究—调查分析研究—计算分类分析研究—因材施练口算宝典设计—因材施练口算宝典计算策略微课制作—因材施练口算宝典App制作。①文献研究法：分析研究中国期刊网上有关口算和大数据处理与优化的文献；②调查问卷法：调查研究小学生口算错误类型及错题缘由；③研究分析法：分析商业网站信息关联及优化方法、原理；④个案研究法：针对个别学生口算情况进行分析研究，计算宝典依据学生情况设计个性化练习，因材施练。

四、问题研究的发现与结论

1. 因材施练口算宝典App框架设计

依据不同对象，我们设计了因材施练口算宝典App框架，其核心点是系统——数据库（见图6-3），四个不同的窗口分别与其发生作用，通过数据的输入与处理、优化与输出、再输入再处理，针对不同的用户群体提供不同的数据信息。

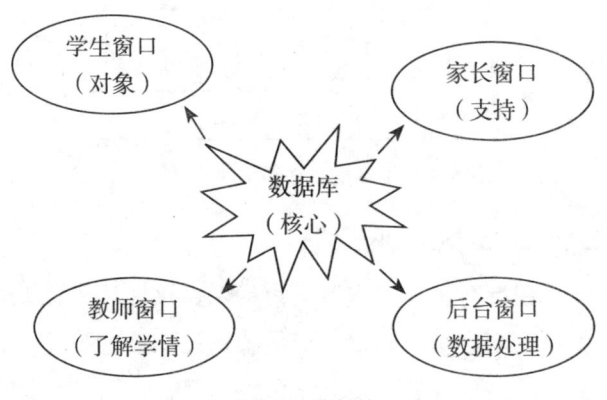

图6-3 数据库

（1）学生窗口：这是整个系统的服务对象，更是整个数据库的主要窗口，只有学生对数据库发生作用，才能建立起数据的传输与记录，才能依据大数据进行分析、综合，推送给学生最合适的计算练习题目。

（2）家长窗口：对数学计算过程的数据进行准确分析，把分析结果实时提供给系统及家长，学生家长可及时关注学生的学习情况，了解学生的学习进度和水平，做到心中有数、育之有法。

（3）教师窗口：教师登录到此页面，可以及时了解某个学生的计算情况，也可以了解全班学生的计算情况及水平，甚至可以将所带班级与整个数据库中的学生进行对比分析；同样可以知道学生对某个知识点、某个内容的理解程度，哪些知识点学生欠缺，哪些知识点掌握较好，依据计算数据分析了解学情，提供有针对性的指导。

（4）后台窗口：对数据进行添加、升级和处理，并优化系统、更新知识等。

2. 因材施练口算宝典App学生桌面设计

依据因材施教理念，我们依据学生情况和知识特点，特设计了学生因材施练口算宝典的App桌面，分三大块、四小点内容，三大块分别是顺序练习、模拟练习和计算策略，四小点内容为"我的收获""我的错题""考试记录"和"统计"（见图6-4）。

A（共性）	B（个性）	B（攻略）
顺序练习	模拟练习	计算策略

我的收获　我的错题　考试记录　统计

图6-4　因材施教口算宝典（桌面）

3. 因材施练口算宝典App架构设计

我们依据学生情况对每一块内容进行规划，设计其背后所蕴藏的大数据信息，在这三大块、四小点内容中，当数架构设计最为关键，下面我们一一阐述（见图6-5）。

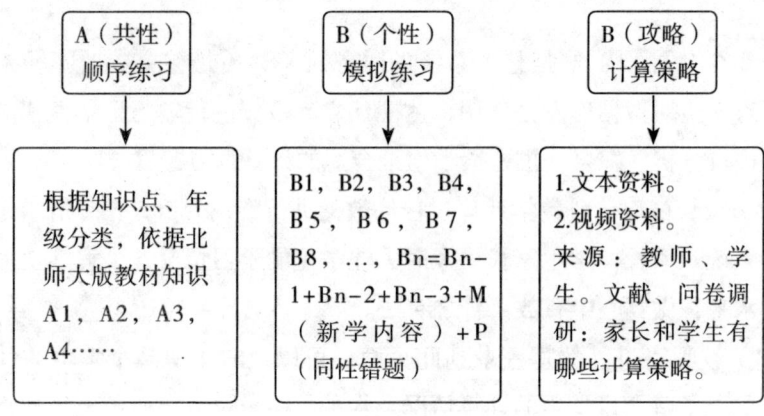

图6-5　因材施教口算宝典（架构）

（1）顺序练习，指的是依据北师大版本教材，按照年级和知识点顺序，逐一排列，按照知识生长点的规律，学生进行共性练习和同步练习，这里体现了练习的相同性与同步性。

（2）模拟练习，是本口算宝典的核心内容，我们依据学生前几次试卷错题相关知识点题目、新学内容以及同性错题出新的题目、个性化十足的题目，学生进行针对性练习，真正做到因材施练。

（3）计算策略，这是对本宝典的一个升华，这块内容是一些学习计算策略的微课或文本策略，学生在里面自学，提升自己的口算能力。

四小点中，"我的收获""我的错题""考试记录"和"统计"则是对学生计算过程的信息进行分类与报表。

4. 评价如何做

我的收获：系统、家长、教师可以根据学生做题情况点赞并积分，系统自动依据学生情况进行点评，并提供定量评价。

我们根据积分设置虚拟性奖励物品——装饰房子、娃娃、饰品、家具、车、枪、赛尔号玩具等。

等级激励是促进学生练习计算的一个强有力的催化剂（见图6-6）。

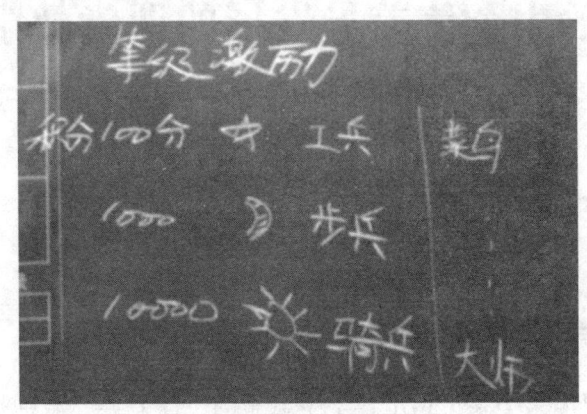

图6-6　等级激励

5. 收益从哪里来

因材施练口算宝典App要想得到更好的发展，必须能良性运营下去，这里从三个方面筹集资金，以供维护系统优化及运营：①提供单元试卷，供下载，供学生单元复习时使用；②流量、广告等；③名师计算策略讲解。这些项目设计合理下载App费用，最终实现良性循环。

五、研究存在的主要问题及今后的设想

经过项目组团队的深入研究，本课题基本取得了预期成果，达成了预期目标，每位教师都有所收获，并对小学生计算知识进行了系统的整理与加工，且能结合自己教育教学的实践经验，多角度、多层次地研究，教师思考了、研究了，课堂实践了，学生也受益了。但是也存在一些问题：①练习题目质量和数量如何，需要实践检验；②计算策略微课做出来的比较少，只停留在文本上，要做更多、更高质量的微课；③系统优化和界面友好性需要再设计。

基于学生个体差异发展的课堂教学设计

——以小学语文二年级下册《黄山奇石》一课为例

一、指导思想与理论依据

美国心理学家华莱士指出,学生显著的个体差异、教师指导质量的个体差异,在教学中必将导致学生创造能力、创造性人格的显著差异。课标指出:语文课程必须根据学生身心发展和语文学习的特点,关注学生的个体差异和不同需求。由于智力发展水平及个性特征的不同,认识主体对于同一事物理解的角度和深度必然存在明显差异,由此所建构的认知结构必然是多元化、个性化的和不尽完善的。学生的个体差异表现为认识方式与思维策略的不同以及认知水平和学习能力的差异。

这就要求在教学目标的设定上承认学生的个体差异,对不同能力的学生提出不同的学习要求,在调控教学内容时必须在知识的深度和广度上分层次教学,尽可能地采用多样化的教学方法和学习指导策略。

二、教学背景分析

1. 教材分析

教学这一单元,要使学生感受祖国自然景观和人文景观的美丽,激发学生热爱祖国的思想感情。本文围绕黄山石的"奇",分别介绍了"仙桃石""猴子观海""仙人指路""金鸡叫天都"等景观,栩栩如生,惟妙惟肖。教学时,应让学生感悟到"奇"中所蕴含的"趣",按照读—悟—读—写的主线,引导学生对课文进行感悟,启迪学生的观察能力、想象能力,让学生真正体会到"五岳归来不看山,黄山归来不看岳"的魅力所在。

2. 学情分析

《黄山奇石》形象生动的语言文字，极具感染力地把祖国的黄山奇石描写得活灵活现。但据调查，很多学生没有到过黄山，没见过黄山那种变化多端、形态各异的奇石，大多数学生缺少对黄山的直接经验。二年级的学生能独立阅读一定数目的篇章；能根据学习的要求进行品词、品句，有初步的阅读理解能力。所以，本课的重点是对学生创造性思维能力的培养。

三、教学设计

【教学目标】

（1）会读"区、尤、其"等14个生字，会写"尤、其、区"等8个生字。

（2）正确、流利、有感情地朗读课文，感受黄山奇石的独特和美丽。

（3）通过品读重点词句，体会黄山奇石的栩栩如生，感受拟人、比喻的描写手法。

（4）通过反复阅读、分析、理解课文，结合图片想象其他奇石的形貌，并且培养对黄山的向往之情和对大自然的喜爱之情。

【教学重难点】

重点：通过品读重点词句，体会黄山奇石栩栩如生的特点，感受拟人、比喻的描写手法运用。

难点：通过反复阅读、分析、理解课文，结合图片想象其他奇石的形貌特点，并且培养对黄山的向往之情和对大自然的爱慕之情。

【教学方法】

教法：讲授法、朗读指导法、启发式教学法。

学法：想象感悟法、圈点批注法、读写结合法。

【课时安排】

两课时。

【教学准备】

教师：有关黄山的视频介绍、多媒体课件、生字卡片、黄山奇石的照片。

学生：预习课文、收集有关黄山奇石的资料。

【教学过程】

(一)激情生趣,初识黄山

视频展示:

(1)教师播放有关黄山介绍的视频(其中有黄山奇石)。

(2)学生观看视频,并结合自己收集的资料说说感受。

1. 激趣导入

同学们,课前通过大家收集的资料,我们已经知道黄山是我国著名的风景区,现在让我们一起跟着作者的脚步,去看看黄山的奇石。

2. 揭示课题

师生一起板书。

全班美美地读课题。

释义"奇":这里的"奇"是什么意思?(奇特、奇怪、神奇)

教师小结:一个课题就吸引了我们全班的眼神,那么课文又介绍了哪些奇石呢?那些奇石又是怎样的呢?让我们赶紧去文中看看吧!

(二)初读课文,感知黄山

1. 初读要求

(1)大声朗读课文,读准字音、读通句子,遇到有难度的字词可以多读几遍。

(2)用"_____"画出文中写了几种黄山奇石。

2. 生字学习

出示生词:

第一组:风景区、安徽省、神奇、尤其、仙桃、石盘。

(1)齐读,教师相机正音。

(2)教师打乱生字卡片,小火车读。

(3)巧记生字:说说你是怎么记住这些加点字的?

第二组:每当、脖子、啼叫、著名、抢球、弹琴、奇形怪状、岩石。

(1)自由读。

(2)小老师领读,教师适时正音。

(3)巧记生字:说说你是怎么记住这些加点字的?

(4)读读原句:你能找出原文中的句子读读吗?

3. 整体感知

（1）课文一共写了几种黄山奇石？

归纳：仙桃石、猴子观海、仙人指路、金鸡叫天都、天狗望月、狮子抢球、仙女弹琴。

（2）这么多奇形怪状的石头，难怪作者发出了这样的感慨——

那里景色秀丽神奇，尤其是那些怪石，有趣极了。

首先，指名读。

其次，提醒笔画"尤""其"：这两个字的哪些笔画需要相互提醒？（提醒"尤"字没有撇）

再次，书写生字"尤""其"：教师范写，学生描一个写一个。

最后，齐读。

4. 教师小结

是啊，多么秀丽神奇的怪石啊，那么作者又是怎么描写这些石头的呢？让我们继续跟课文进行交流。

（三）细品课文，欣赏奇石

细品要求：

（1）以自己喜欢的方式读读课文的第2~5自然段。

（2）边读边想：如果我们全班都去了黄山，你会在哪块石头前面给自己留影？

1. 观摩黄山奇石

（教师根据学生的回答，相机出示句子）

在一座陡峭的山峰上，有一只"猴子"。它两只胳膊抱着腿，一动不动地蹲在山头，望着翻腾的云海。这就是有趣的"猴子观海"。

（1）齐读，说一说这句话哪里写得最有趣？

（2）释义双引号：出示双引号的有关作用解释，说一说这两处的双引号分别有什么作用。（第一处表示特殊含义，第二处表示特定称谓）

（3）表演读：学一学猴子的样子，上台表演。

"仙人指路"就更有趣了！远远望去，那巨石真像一位仙人站在高高的山峰上，伸着手臂指向前方。

（1）同桌之间相互读。

（2）情境表演：一生表演游客，一生当仙人，想象仙人会说些什么。

（3）读出感叹号：能用你的朗读声读出感叹号的语气吗？

就说"仙桃石"吧，它好像从天上飞下来的一个大桃子，落在山顶的石盘上。

（1）学习比喻：这句话运用了什么手法？（比喻手法）

（2）出示课文插图，男女生赛读。

（3）下面谁愿意把自己最喜欢的奇石介绍给大家听听？介绍的方式有很多种。如果你愿意结合刚才画的词句给大家讲出它的奇特有趣，就讲；如果你愿意读，就有感情地读一读；如果你能通过动作把石头奇特的样子表演出来，你就表演给大家看；如果你能在短时间内画图表示出它的奇特，你就画。下面自己抓紧想一想，小组可以讨论讨论。

2. 想象黄山奇石

（1）学习比喻和拟人写法：这么美的奇石，作者运用了怎样的刻画手法？

（2）学习谋篇布局：

出示三处黄山奇石的句子，进行对比：如果把这三个句子都放在每一段的第一句话，这样好吗？为什么？

就说"仙桃石"吧。

这就是有趣的"猴子观海"。

"仙人指路"就更有趣了！

3. 教师小结

是啊，作者独具匠心的写法，让我们不仅看到了奇石的千姿百态，也让我们在欣赏中看到了语文独特的语言。

（四）拓展延伸，回首奇石

当导游：

现在如果你是导游，看到这些美丽的奇石，你会怎么跟游客介绍呢？

1. 谈谈收获

这节课你学习到了什么？

2. 教师小结

这节课，我们在作者的带领下走进了《黄山奇石》，领略了"仙桃石""猴子观海""仙人指路"这三种奇石，下一节课让我们继续走到奇石中，去欣赏它们独特的美丽。

3. 作业（任选一题）

（1）摘抄文中的好词好句，并背一背。

（2）仿写奇石：选择"天狗望月""狮子抢球""仙女弹琴"中的一种进行仿写。

四、设计意图说明

1. 正视学习能力的差异，学习目标弹性化

教学要取得好的效果，首先要有明确的目标。学生学习的差异首先表现为学习能力的差异，如在语文学习过程中，有的学生语言表达能力强，有的学生理解能力强，有的学生推理能力强；有的学生字词基础掌握没问题，但语文表达、理解能力弱。如果我们不承认学生学习能力差异的客观存在，制定的教学目标就容易"一刀切"。这样就会导致教学过程中部分学生因"吃不了"而逐渐丧失学习语文的信心，部分学生因"吃不饱"而渐渐失去学习语文的兴趣。因此，在教学中，教师应承认学生学习能力存在差异的客观事实，根据学生语文学习能力的差异，对不同能力的学生提出不同的学习要求。例如，我在《黄山奇石》这篇课文的教学设计中，在制定了总体学习目标的基础上，还制定了基础目标和发展目标。

总体学习目标：见上文教学目标。

其他目标：

（1）基础目标：①正确认读本课要求的14个生字和书写本课要求会写的8个生字；②能流利、有感情地朗读课文；③理解黄山奇石的"奇"和"趣"的特点。

（2）发展目标：选择"天狗望月""狮子抢球""仙女弹琴"中的一种进行仿写。

弹性化学习目标的制定，一方面能引导教师树立面向全体学生的观念，关注不同层次学生的发展需求；另一方面能根据弹性化的学习目标有针对性地组织学习资源、设计学习活动、评价学习效果。在《黄山奇石》的教学中，根据不同层次的学习目标，我还设计了如下两个层级的弹性作业供不同学习能力的学生选做：①摘抄文中的好词好句，并背一背。②仿写奇石：选择"天狗望月""狮子抢球""仙女弹琴"中的一种进行仿写。

不同学习能力的学生能从完成不同层次的目标任务中感受到学习的成

功，从而能够强化全体学生积极、主动学习的心向，有效增强他们学习语文的信心。

2. 关注学习方法的差异，学习方式个性化

学生因为能力和经验不同，感受也不同，其表现出来的学习方式也必然存在差异。《义务教育语文课程标准（2011年版）》建议"尊重学生的个体差异，鼓励学生选择适合自己的学习方式"。因此，教师在教学中必须尊重学生学习方式的差异，鼓励学生选择适合自己的学习方式。这样，教师就为学生构建了一个开放的学习形式，而且每个学生都觉得自己有了"用武之地"，这时，教师只要适当地加以引导，就会取得意想不到的效果。例如，我在《黄山奇石》这篇课文的教学设计中为了让学生理解黄山奇石的"奇特、有趣"，让学生从读、讲、画、表演中选择自己喜欢的方式来学习，学习方法虽然不尽相同，但有利于学生积极主动地把文章读懂，通过交流又能使学生在学法上取长补短，取得相得益彰的教学效果。

3. 正视学习体验的差异，学习感悟多元化

"有一千个读者就有一千个哈姆雷特"，每个人在学习过程中对所学习的内容都有独特的认识和理解，这就是学生学习体验的差异。学生学习过程中的独特体验和感悟是语文教学的重要特点。只有尊重学生在学习过程中的独特体验的语文教学，才能真正走进学生的心灵，极大地发挥学生的主动性，并为他们的未来开辟广阔的精神天地。因此，在语文教学中，应正视学生学习体验的差异性，允许学生有不同的学习体验与感悟，允许学生把不同的看法和独到的见解尽情地表达出来。例如，我在《黄山奇石》这篇课文的教学设计中为了巩固学生对黄山奇石特点的理解，提问学生："如果全班同学都去了黄山，你会在哪块石头前面拍照留念呢？并说说为什么。"学生们积极活跃，纷纷举手发言，有的学生说会跟"猴子观海"合影，因为想起了《西游记》里神通广大的孙悟空；有的学生说会跟"金鸡叫天都"合影，因为"雄鸡"在太阳照射下金光闪闪，漂亮极了；还有的学生说跟"狮子抢球"合影，因为"狮子"威武神奇又调皮可爱……一个个学生的精彩发言，充分说明了学生对语文材料的反应往往是多元的，对学习的体验是千差万别的。由此可见，在语文教学中一定要允许学生感悟多元化，并通过不同感悟的交互碰撞，使每个学生都能得到不断的完善与发展。

五、反思

反思教学设计，有几点思考：一是如若能够更好地利用学生个体资源教学定能达到事半功倍的效果，若班上有些学生去过黄山，拍过照片，教师正好可利用这一点，给学生展现的机会，让他们通过照片介绍他们看到的黄山奇石，对比书中介绍的黄山奇石，说说不同的感悟和体验，而自己在本教学设计中没有事先了解班级情况，从而没有考虑合理利用这一点。二是一个班级50个学生，班级规模过大，个体差异明显，这大大提高了教师教学的难度，要更好地落实课堂教学，更好地照顾学生个体之间的差异，这是一个需要不断努力的过程。三是教学设计当中有考虑到学生知识水平的差异、思维的差异、方法的差异等，但是在课堂的生成中，无论预设考虑得多么周详，都不可能与课堂教学过程中发生的状况完全一致。如何根据学生的显性差异，处理好预设和生成的关系是一个内涵丰富的课题，有着广阔的研究空间。

苏霍姆林斯基说："在每个孩子心中最隐秘的一角，都有一根独特的琴弦，拨动它就会发出特有的音响，要使孩子的心与我讲的话发生共鸣，我自身就要和孩子的心弦对准音调。"在课堂教学中，我们正视差异、关注差异、因材施教，才能有效地改进语文课堂教学，提高学生们的学习兴趣，让每个学生都能获得充分的发展，都能体验到成功的欢乐。

借课堂观察关键数据诊断与改进课堂教学

2017年9月，教育部部长陈宝生在《人民日报》撰文，这掀起了全国教育同仁对课堂质效提升的高度关注。

陈明祺名师工作室参加了由首都师范大学王陆教授团队指导的"课堂教学诊断与改进项目"研修，项目旨在通过对教师的课堂进行基于课堂教学行为大数据的客观、全面的诊断与分析，以发现教师的特色及问题，帮助教师有针对性地改进课堂教学，提升课堂质效。

一、课堂观察数据收集方法简介

依据王陆教授撰文的定义，项目以大数据思维为导向，采用科学研究"第四范式"的研究设计。研究思路为："发现—总结"，即从课堂教学行为大数据的分析中发现教学现象，再总结归纳教学现象，得出对教学规律的深入认识。研究过程为："定量—定性"，即先开展针对教学行为大数据的定量研究，再对定量研究的发现与结果进行定性分析与总结。

课堂观察方法一是采用编码体系分析方法，二是采用记号体系分析方法。编码体系S-T分析方法是一种能够直观表现教学模式的分析方法。主要思想是通过对教学过程中教师行为（被称为T行为）和学生行为（被称为S行为）进行两个维度的编码，描述课堂的基本结构与实时发生的事件来观察分析课堂教学的质量与特征。教学模式分析以图形的方式区分四种典型教学类型：练习型、讲授型、对话型、混合型。教学模式由Rt值（表示T行为占有率，即教师行为在教学过程中所占的比例）和Ch值（表示师生行为转换率，即教师行为与学生行为间的转换次数与总采样之比）所在的位置确定。记号体系分析是指预先列出一些需要观察并且有可能发生的行为（通常将计划观察的行为列入一张事先编制好的记号体系观察表中，如有效性提问分析、教师回应方式分析等），观察者在每一种计划观察的事件或行为发生时做个记号，并于观察后统计记号数量及观察行为所发生的频次，分析诊断时将各维度的数据联系建立数据链，再进行深入分析的一种观察分析方法。

二、课堂教学行为大数据观察与分析

自2017年11月起，靠谱COP项目助学团队对工作室成员进行课堂观察、分析、评价。所涉及的课堂分析包括：教学模式分析、有效性提问分析、教师理答方式分析、4MAT分析、对话深度分析等。通过各节课的课堂教学行为大数据概览表，可以清晰地看出不同课型的课堂教学行为大数据的各维度与全国常模数据的对比分析，从而为学校的课堂教学的改进提供发展方向。下面以某老师的课例分析为例（见表6-1）。

表6-1　某老师课堂教学行为大数据概览

某老师课堂教学行为		本节课数据	与全国常模数据相比
教学模式	师生行为转换率	53%	高于
	教师行为占有率	40%	低于
	学生行为占有率	60%	高于
有效性提问	问题类型	管理性问题　0%	低于
		记忆性问题　25%	低于
		推理性问题　42.5%	高于
		创造性问题　20%	高于
		批判性问题　12.5%	高于
	挑选回答方式	点名提问　0%	低于
		让学生齐答　13.95%	低于
		叫举手者答　72.09%	高于
		叫未举手者答　11.63%	高于
		鼓励学生提出问题　2.33%	高于
	学生回答方式	集体齐答　7.14%	低于
		讨论后汇报　4.76%	低于
		个别回答　78.57%	高于
		自由答　9.52%	高于

续表

某老师课堂教学行为			本节课数据	与全国常模数据相比
有效性提问	学生回答问题类型	无回答	2.22%	高于
		机械判断是否	0%	低于
		认知记忆性回答	22.22%	低于
		推理性回答	35.56%	高于
		创造评价性回答	40%	高于
教师回应	回应方式	言语回应	100%	高于
		非言语回应	0%	低于
	回应态度	肯定回应	75.76%	低于
		否定回应	0%	低于
		无回应	0%	低于
		打断学生回答或代答	3.03%	高于
		重复回答并解释	21.21%	高于
"四何"问题		"是何"问题	76%	低于
		"为何"问题	12%	高于
		"如何"问题	8%	低于
		"若何"问题	4%	高于
对话深度		深度一	52.38%	低于
		深度二	28.57%	高于
		深度三	4.76%	低于
		深度四	9.52%	高于
		深度五	4.76%	高于

三、基于课堂教学行为大数据改进课堂教学

通过该老师与全国常模数据的对比分析，我们可以给出某老师这节课的综合评价。如图6-7所示，在该老师这节课的有效性提问中，问题类型评分等级为A，挑选回答方式评分等级为A，学生回答方式评分等级为B，学生回答类型评分等级为A；教师回应中，回应方式评分等级为D，回应态度评分等级为B；"四何"问题评分等级为B；对话深度评分等级为A。

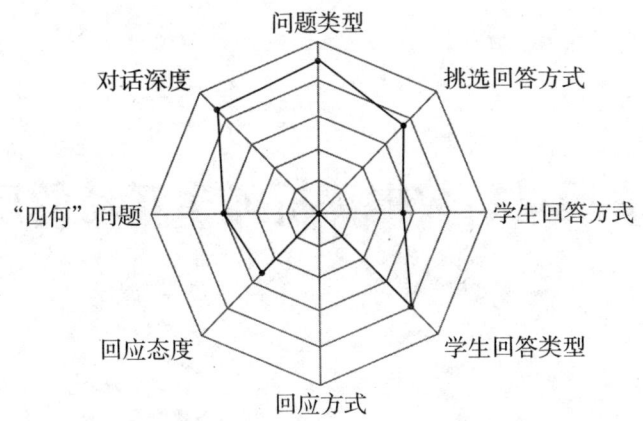

图6-7 某老师某节课课堂观察各维度评分等级图

综合上述课堂观察各维度的评分等级,本节课的综合评分等级为A,得分超过全国92%的同类型课程得分。

本节课的亮点为:问题类型、挑选回答方式、学生回答类型、对话深度。建议该老师结合本节课的课堂行为数据,在今后的课堂中着重关注回应方式方面的改进。

实施项目,通过对教师的课堂进行基于课堂教学行为大数据的客观、全面的诊断与分析,发现教师的特色及问题,并通过课堂教学行为改进工作坊帮助教师有针对性地改进课堂教学,不断探索基于课堂教学行为大数据的创新性教学研究模式,不断提升教师的专业发展水平。

借课堂观察数据评析师生互动的质量

——以数学《分一分（一）》一课为例

一、课堂观察数据及获取方法简介

课堂观察数据是按照某种维度对课堂行为进行观察，获取师生行为发生的频次，再经过一定数学方式处理转化的数据。教师在线实践社区（The Teacher's Online Communities of Practice，简称COP），是指聚焦在网络支撑平台中，基于课堂教学行为大数据，以提升教师职业适应能力的一种在线学习组织。笔者参加了由首都师范大学王陆教授率领的"COP"研修，学习了课堂观察数据的两种主要分析方法：一是编码体系分析方法，二是记号体系分析方法。

编码体系分析方法通常是根据理论知识，针对课堂教学中师生的公共对话进行信息编码，以实现隐性知识外化的一种课堂观察方法。S-T分析方法是典型的编码体系分析方法，它对教学过程中教师行为（T行为）和学生行为（S行为）进行采样与编码，由此可获得S行为和T行为随时间变化情况的S-T图，以及表示教学过程中教师行为占有率和师生行为转换率的Rt-Ch图。

记号体系分析也叫项目清单分析，观察者预先列出一些需要观察且有可能发生的行为，并在相应行为发生时做记号。这一分析方法常包括四个维度：教师有效性提问、"四何"问题、对话深度、教师回应和学生回答。

二、课堂师生互动的重要性

师生互动是教育教学过程中的重要环节，它与学生的知识习得、情感熏陶、能力培养和价值观建立密不可分。新课标强调，数学教学活动是师生积极参与、交往互动、共同发展的过程。有效的教学活动是学生学与教师教的统一。提高课堂教学中师生互动的有效性，对于提高课堂教学质量有积极意义。

师生互动在课堂教学中是复杂的、动态的。长期以来，听课教师大多以主观印象评价师生互动的效果，缺乏客观数据的支持，对课例评析的准确性有一定程度上的制约。有了课堂观察数据的补充，教师能够有的放矢地观察和分析，通过数据研究师生互动的内在规律，更有方向地提高师生互动的质量。下面，笔者以执教的北师大版数学三年级下册第六单元《分一分（一）》为例，结合课堂观察数据，对本课的师生互动质量进行分析。本文运用的数据是COP项目组对笔者执教的《分一分（一）》一课进行观察分析所得。

三、基于课堂观察数据评析师生互动的质量

（一）利用"S-T分析方法"，从课堂时间分配的角度看师生互动的质量

从图6-8的S-T图可看出：S-T曲线图倾斜角大于45度，T行为有27个，S行为有63个，说明该课中学生占主体地位，学生有充足的时间进行自主学习活动。另外，图中纵向出现断层，断层后有较多的锯齿线，可见在学生自主学习后教师进行了适当的干预和支持，符合笔者正在实践的"先学后教"的教学模式，也体现了教师的主导地位。从图6-9的Rt-Ch图可看出：学生行为占比70%，教师行为占比30%，师生行为转换率为0.36。如图6-9所示，课堂观察技术根据Rt和Ch的数据将教学模式分为四种典型的教学类型，分别是对话型、练习型、讲授型和混合型，本课属于练习型教学模式。

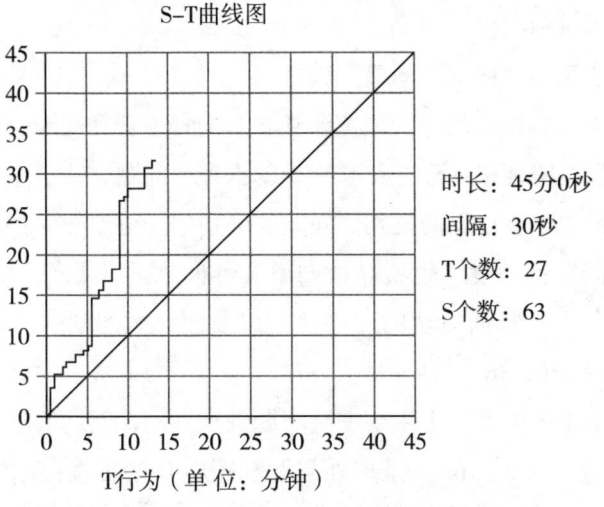

图6-8　学生行为和教师行为随时间变化情况的S-T图

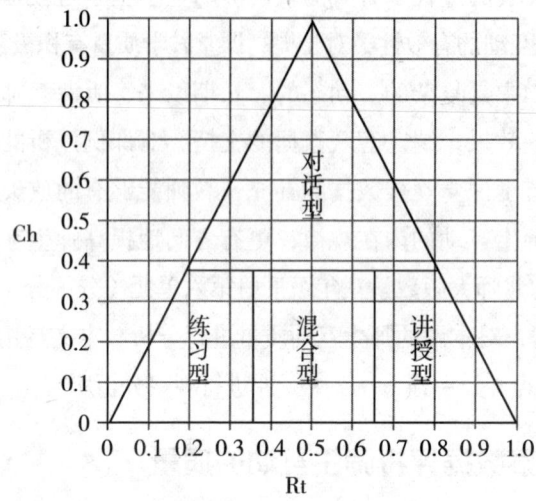

图6-9 教师行为占有率和师生行为转换率的Rt-Ch图

根据这两组数据,从时间分配的角度可判断,本节课师生互动情况总体上表现良好,学生有充分的自主学习时间,教师也能抓住恰当的时机进行干预,体现了新课标提出的"学生是学习的主体,教师是学习的组织者、引导者与合作者"这一理念。

(二)利用记号体系分析法,从问题和提问设计的角度看师生互动的质量

记号体系有效性提问分析法是对课堂中教师提出的问题和采用的提问策略进行记录和分析的一种聚焦课堂的观察方法。下面出示的数据中,"常模数据"是COP项目组观测的所有该类型课堂对应数据的一个平均值,它作为参考值,并不是标准值。

1. 问题类型与"四何"问题

将教学中的教师提问分为调控课堂状态的常规管理问题、梳理已有知识的记忆性问题、需要根据已有经验推导的推理性问题、让学生发挥创意的创造性问题和需要学生反思的批判性问题,分别记录得到图6-10所示的数据。从"四何"问题的角度,也就是指向事实性问题的"是何"、指向原理性问题的"为何"、指向方法的"如何"以及假设性问题的"若何",分别记录得到的数据如图6-11所示。

数学课堂中教师和学生主要围绕问题进行互动,问题的设计直接影响师生互动的质量。对比图6-10推理性问题和图6-12的推理性回答的情况,我们可以看到两个数据都低于常模。由此,笔者联想推理性问题能促进学生推理性回答。从图6-10还看出本课的批判性问题较少，从图6-11看出本课没有"若何"类问题，笔者推测这两类问题的缺乏可能也是导致学生推理性回答较少的原因。我们还能清楚地看到图6-10的创造性问题明显高于常模，图6-12的创造评价性回答也明显高于常模，再联系图6-11可见本课中的"为何"和"如何"类的问题略高于常模，笔者推测是教师的创造性问题以及"为何"和"如何"类问题激发了学生的创造性评价性回答。通过分析这三组数据，笔者认为学生的回答类型与教师的问题类型息息相关。本课教师的提问注重引导学生获取原理性和策略性的知识，重视培养学生的创造性思维能力，但应该适当增加课堂中的批判性问题和"若何"类问题，以培养学生的批判性思维和知识迁移的能力。

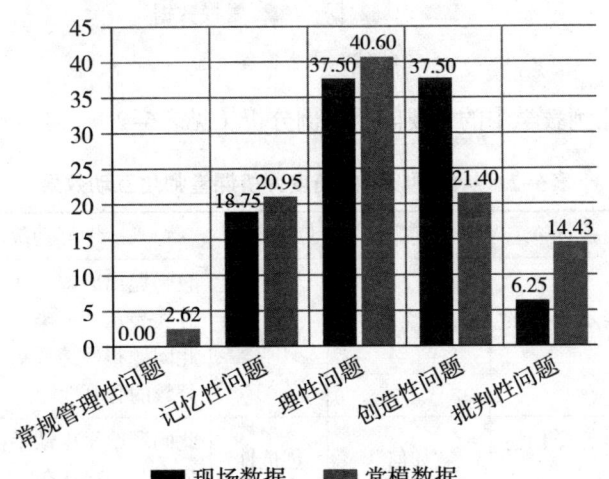

图6-10 问题类型

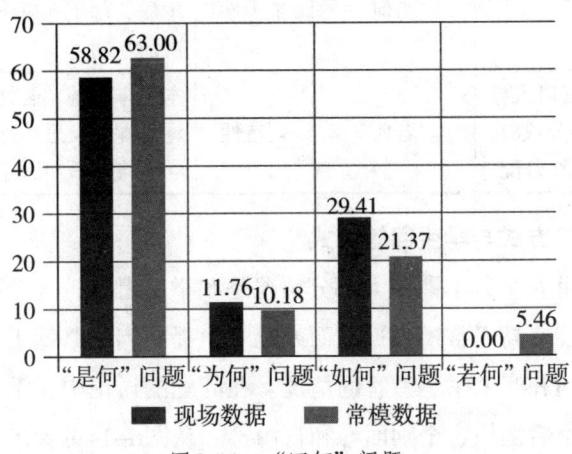

图6-11 "四何"问题

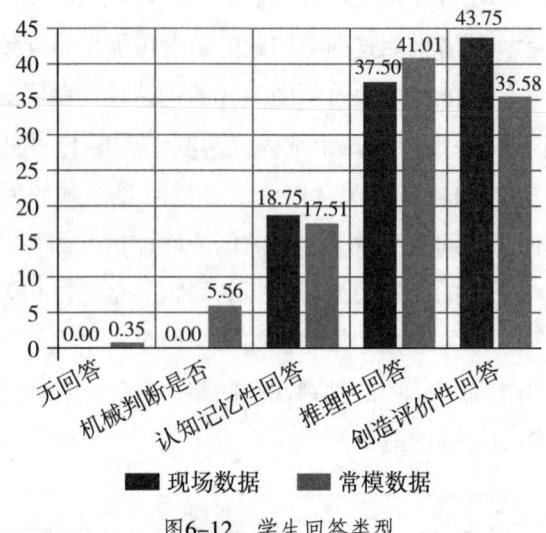

图6-12 学生回答类型

下面对课例教学中的主要问题举例分析(见表6-2)。

表6-2 从问题设计的角度评析课堂师生互动效果

课堂问题	"四何"问题	问题类型	互动效果
用什么方法表示苹果的一半	"是何"	创造性	教师抛出问题,让学生用不同的方式表示"一半"并全班交流,此问题很好地调动全体学生体会分数的必要性
用手上的图形怎样创造新的分数	"如何"	创造性	此问题给学生动手操作的机会,师生互动建立在实践的基础上
为什么涂法不同,都是图形的二分之一	"为何"	推理性	此问题促使学生思考二分之一的本质,师生在思维上进行较深层次的互动
如果你们一家三口人要分享这个被平均分成8块的比萨,你会怎么分配	"若何"	创造性	本课未出现"若何"问题,此问题是课后反思后加上的,能促使学生将数学知识迁移到生活中

2. 挑选回答方式与学生回答方式

从图6-13可看出,本课中大部分情况是叫举手者答,这个数据接近常模数据,学生齐答略高于常模数据,而鼓励学生提出问题略低于常模数据,没有出现点名提问和叫未举手者答的情况。在问题的讨论中,学生回答方式有集体齐答、讨论后汇报、个别回答和自由答。从图6-14可看出,集体齐答高于常模，学生个别回答接近常模，没有自由回答的情况。

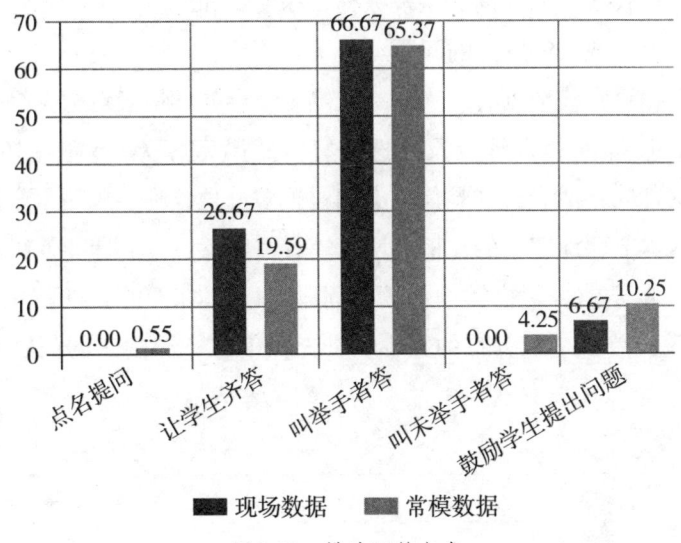

图6-13 挑选回答方式

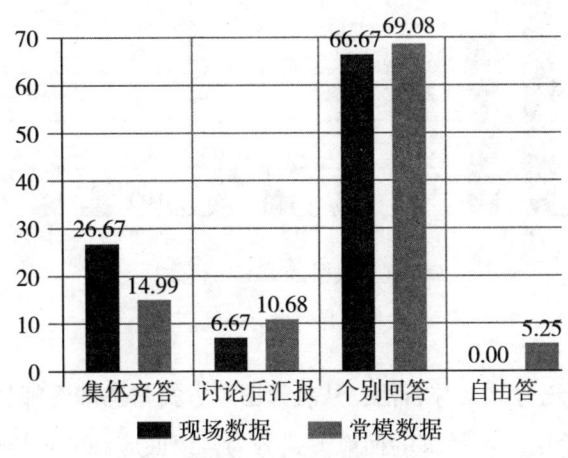

图6-14 学生回答方式

这两组数据说明，教师多用学生齐答和叫举手者答的方式，有助于教学的连贯和营造课堂氛围；应当注意适当叫未举手者回答以关注所有的学生；可以偶尔用点名提问来提升学生的课堂紧张感，有利于提高课堂效率；还要增强鼓励学生提出问题的意识。

3. 对话深度

对话深度反映教师提出问题的难度与学生认识程度的匹配度，要关注教师问题之间的逻辑关系和师生之间互动交流的深度。师生之间的一问一答视为一级深度,两问两答视为二级深度,以此类推。如图6-15所示,本课深度一的对话占比较大,明显高于常模数据,深度二和深度三的问题占比均低于常模数据,但出现了深度五的问题。

这组数据跟常模数据有较大偏差,笔者结合教学情境对数据综合分析,发现对话深度和问题设计以及挑选回答方式紧密相关。观察图6-10至图6-15,记忆性问题或者说"是何"类问题较多,且教师多采用了全班齐答的方式,导致本节课深度一的比例大增。笔者由此反思,本课要使得问题层次更加分明,就要减少记忆类的低效率问题,以及如"同学们明白了吗"等无效的问题,减少全班齐答的频率,补充深度二、深度三的问题及批判性问题。

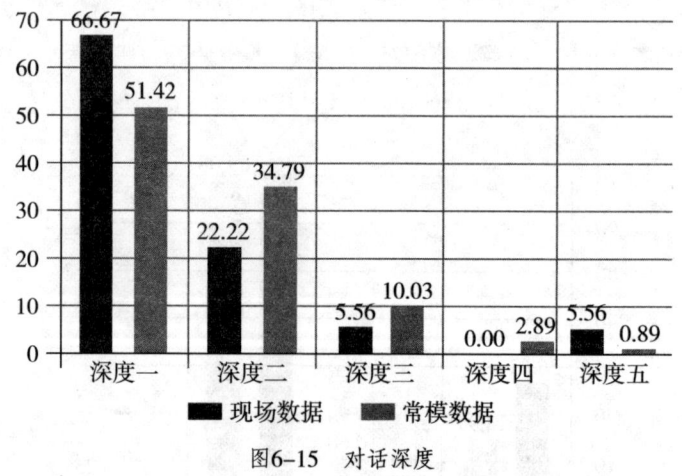

图6-15 对话深度

(三)利用记号体系分析法,从教师回应方式与态度看师生互动的质量

本文的讨论中,将教师的回应方式分为言语回应和非言语回应,将教师的回应态度分为肯定回应、否定回应、无回应、代替学生回答和重复回答并解释。从图6-16和图6-17看,本课中教师大部分情况是使用言语回应,态度是肯定的,没有不回应学生或者打断学生的情况,说明教师充分尊重学生。其中,非言语回应的数据略高于常模数据,说明教师善于用动作、体态、表情、语调等非言语的方式给予学生回应,与学生的互动方式较多元化。教师积极的回应方式和态度增强了学生主动与教师互动的积极性。

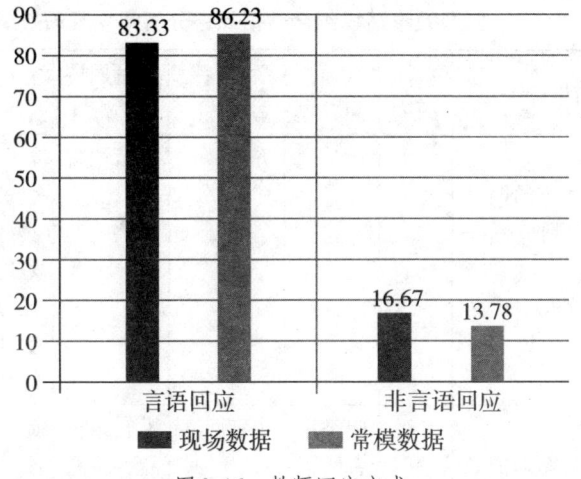

图6-16 教师回应方式

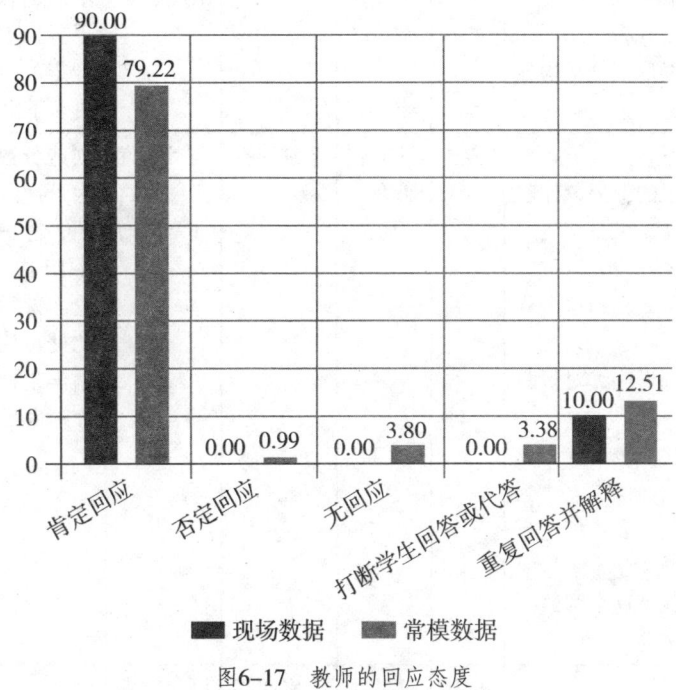

图6-17 教师的回应态度

下面,结合几个典型的教学情境进行分析(见表6-3)。

表6-3 典型教学情境结合数据综合分析师生互动效果

问题情境	对话深度	教师提问方式	学生回答方式	教师回应情况	互动效果
课堂伊始。 师：两个梨平均分给两个小朋友，每人得到…… 生齐拍掌两次。 师：一个苹果平均分给两个小朋友，每人得到…… 生（齐）：半个。	一级	让学生齐答	齐答	非言语肯定：点头微笑	教师设计拍掌活动引进新课，此处两次深度一的对话，采用学生齐答的方式，有助于吸引学生注意，营造良好的互动氛围
探索新知环节。 师：蓝色部分是图形的二分之一吗？ 生：第二幅图不是。 师：为什么不是？ 生：因为图形不是平均分成两份	二级	叫举手者回答	个别回答	非言语肯定：示意全班鼓掌表扬	此处追问"为什么"，体现了教师注重培养学生对问题本质的探究，叫举手者回答并用掌声肯定的做法能激励更多学生积极互动
自主探究环节。 师：用手上的图形，你创造了什么分数？ 生：四分之一。 师：你是怎么得到这个分数的？ 生：我把圆形连续对折两次，再涂一份。 师：四分之一表示什么意思？ 生：四分之一表示把这个圆平均分成4份，涂其中的一份，就是这个圆的四分之一	三级	讨论后回答	个别回答	言语肯定：思路非常清晰	创造分数的问题作为小组活动的主题，考虑到学生在小组内进行了讨论。课后反思认为此处可叫个别未举手学生回答，以增加师生互动的广度
突破难点环节。 师：房子图形上下分，可以得到这个图形的二分之一吗？ 生：可以！ 师：为什么可以？ 生：分的结果一样就可以。	五级	叫举手者答	个别回答	语言肯定：同学们真厉害！能够解决这么难的问题	学生自主提出问题，经历了生生互相质疑，教师再进行引导和追问，从而突破难点

续表

问题情境	对话深度	教师提问方式	学生回答方式	教师回应情况	互动效果
师：结果怎么一样？ 生：上面部分占两个小方格，下面部分也占两个小方格。 师：这样算平均分吗？ 生：算，虽然形状不同，但都占图形面积的一半。 师：现在，同学们觉得不沿着对称轴分能不能得到图形的二分之一？ 生：能	五级	叫举手者答	个别回答	同上	同上

四、基于课堂观察数据提高师生互动质量的结论与展望

笔者通过对上述数据的评析得到关于提高师生互动质量的三个结论：合理分配时间是保证高质量师生互动的基本条件；精心设计问题是提高师生互动质量的关键因素；积极回应学生使得良好的师生互动可持续发展。

课堂观察数据对教师改进教学有指导意义。目前课堂观察数据的获取，需要有专业知识的观察者进行记录，较为费时费力，难以推广到每一个课堂。笔者不禁设想，如果科技结合课堂观察理论，让设备来采集课堂数据，将会有更多的一线教师受益。笔者关注到教育部学校规划建设发展中心"基于人工智能的课堂观察体系建设"项目，该项目的主要研究内容是基于人工智能技术改变传统听评课方式，构建科学的课堂观察体系。一线教师借助先进的课堂观察技术以提高课堂师生互动的质量指日可待。期待技术助力教学，展望科技赋能教育！

浅谈平板支持下的泛在学习中的教师素养

随着大数据、云计算、互联网、物联网等技术在教育应用方面的不断深入，在线教育、翻转课堂、微课程等以网络信息技术应用为支撑的新的教育模式大量兴起，教育正迎来信息技术革命的新时代。互联网让人们不需要坐在教室面对面受教育，让人们与时俱进地实现移动学习，实现随时随地、想学就学的体验。这种每时每刻的沟通、无处不在的学习，任何人可以在任何地方、任何时刻获取所需的任何信息的方式被称为泛在学习。

泛在学习创造智能化的环境让学生充分获取学习信息，这与让学生到图书馆或学校进行学习或通过网络获取学习信息有很大的差异。泛在学习的目标就是创造让学生无处不在的便利化学习。知识的获得、储存、编辑、表现、传授、创造等的最优化的智能化环境将提高人们的创造能力和问题解决能力。

而在这样便捷、高效的泛在学习中，平板的应用越来越广。平板泛指平板电脑，是一种小型、方便携带的个人电脑，以触摸屏作为基本的输入设备。它拥有的触摸屏允许用户通过触控笔或数字笔来进行作业而不是传统的键盘或鼠标。用户可以通过内建的手写识别、屏幕上的软键盘、语音识别或者一个真正的键盘进行操作，它就是一款无须翻盖、没有键盘、小到可以放入手袋，但功能完整的PC。这样便捷、实用的科技产品很适合学生在课堂上学习使用，学生能通过平板及时上网获取相对应的知识，这是一个极大的教学变革。

在这样的教学变革大环境中，曾经一支粉笔、一块黑板、一群学生、一位教师就是课堂的全部的教学模式也面临巨大挑战。平板支持下的泛在学习对教师的素养要求则更高，那教师究竟要具备哪些素养才能适应这样的教学呢？

一、教师要具备准确把握教学的本质、平衡教学与技术的素养

平板电脑教学成为教育领域的新时尚，尤其是在数学、语文、科学、英语等学科中，平板电脑的应用较为广泛。作为一名科学教师，我觉得平板的使用有很多优势，我以自己上的一节课《声音的产生》为例，在不使用平板的教学过程中我设计了4个教学环节：听声音→制造声音→观察发声的物体→总结振动发声，在40分钟的课堂里中规中矩地完成教学。但是在使用平板进行教学的过程中，有些环节就需要进行适当的调整和改进，以便教学能更高效、顺利地进行，比如：

（1）听声音环节可以让学生在家里利用教学平台进行预习性的寻找、倾听，并利用平板的录音功能进行录音，上传到学习平台与同学进行分享和相互补充，从而弥补教师自制课件中声音数量、种类的不足。而我在课堂教学中则增加了听音辨物的活动，从而让学生的听更加深入和广泛。

（2）制造声音的环节。我让学生利用平板学习平台中的录像功能，将制造声音的物体、产生的声音录像上传至平台，进行分享和观察，一个班40个学生就会有40种甚至更多的制造声音的办法，普通课堂做不到一一展示，但是平板支持的课堂可以做到，不仅更节约了展示时间，还让每个学生都公平地得到了展示的机会。

（3）录像的视频也能给第三、第四环节提供观察支持，让学生更直观地观察到声音产生的本质——振动。

但是在课堂中我还是不可避免地遇到一些问题，比如：

（1）过多地使用平板进行录音录像，导致学生过多地注意平板的使用，而对最重要的实验却做得不仔细，从而忽视了科学重实验的本质。

（2）过于在乎平板电脑的数据统计功能，在学生点击屏幕选择答案后，虽然能很快掌握全班学生的答题情况但是大多数时间只是关注这些表面的数据，而忽略了对答案的追问。这导致学生在一些科学问题上表面看是懂了，但却禁不起推敲，往往学生只知其然，而不知其所以然。

（3）最后的环节中学生利用平板网络技术往往在实验前就已经知道声音是由振动产生，对后面的教学有一定的阻碍作用。

正因为以上的优势与问题并存，这就要求教师必须具备准确把握教学的本质、平衡教学与技术的素养。教师在平板电脑教学中一定要考虑学科特

点，从学科的本质入手来灵活地使用技术，而不是从技术本身入手来开展学科教学。技术只是教学的手段，不能变成教学的目的。再先进的技术，再高级的软件，也无法替代教师的言传身教；再多彩的视频，再精美的画面，也无法替代师生面对面的互动交流。

二、教师要具备利用创新思维熟练使用新技术进行灵活高效教学的素养

平板电脑具有便携性、移动性、交互性、灵活性等特点，为课堂教学提供了良好的技术支撑和丰富的资源选择。教师可以在熟练掌握的情况下，利用一些新技术方法进行灵活、高效的教学，比如：

（1）利用点赞、讨论、观点分享等互动功能，为学生提供更加多元的参与机会，提升课堂的互动性。

（2）利用调查、测验、投票、抢答等即时反馈功能，及时了解学生的学习效果。

（3）利用即时网络在平板电脑上查找资料，观看微课程，随时随地进行个性化学习。

但是，通过上课，我发现有时候自己花了很大力气在平板电脑上设计相关教学活动，但却流于形式，从而忽略了教学效果。例如：

（1）非平板教学的课堂小组讨论时，学生积极主动与同组成员进行对话，实时记录，教师则会巡视倾听指导；但是在平板教学的课堂上，教师往往让学生在网络讨论区里发言，学生自己在讨论区里回复或者教师回复，这样看似每个学生都得到了发挥，但是忽略了学生打字的速度各不相同，有的甚至不能及时发布自己的想法，同时少了同学之间激烈讨论时思维碰撞的灵感，有时会出现冷场的现象。

（2）一些概念性、定理性的问题应该让学生举手回答以便教师检查教学效果，但是技术的存在，往往会让教师依赖平板网络学习平台进行学生单个作答，虽然课堂看起来生机勃勃，学生也能熟练地应用技术，但在教学方面却"捡了芝麻丢了西瓜"，使课堂沦为了新技术的"实验田"，使教师沦为新技术的"实验者"，使学生沦为新技术的"实验苗"。

（3）教师在课上或者课下利用新技术更高效地开展题海战术，增加学生的学习负担。

以上现象说明，教师在平板教学中如果为了"技术"而用"技术"，仅用"技术"的堆砌来进行教学是绝对无益的，它不但没有促进教学创新，还强化了传统教学的弊端。"新技术"不等于"新教育"，尽管平板电脑具备强大的教学功能，但它并不会自然而然地带来教学创新。因此，这就要求教师必须具备利用创新思维熟练使用新技术进行灵活高效教学的素养。

教师必须与时俱进地学习，不断用先进的创新思维武装自己，不断抛弃旧观念，运用先进的、灵活的教学方法，高效地教学。同时熟练使用"技术"，但是又不滥用"技术"，用"技术"妆点自己的教学，同时让学生受益。

三、教师应具备对课程结构重组、教学流程再造、教学评价重构的素养

现在我们在学校里基本上都还采用"一科一课"的教学形式，学生在一节课堂只能接受一个科目的学习，对跨学科学习缺少实操，但是在平板支持下的泛在学习中，则要求教师跨越学科之间的界限，开展面向真实生活的主题教学，让平板电脑从教师的教学工具变成学生学习的认知工具。在这样的大环境下，我实践操作了一次学生科学小论文写作和答辩活动，我与班级的语文、数学、英语等学科老师一起合作，利用平板教学平台在寒假进行了学生小论文选题、定题、定导师、定稿、定答辩等活动，学生在家中就能上传自己的题目，并与老师实时沟通，根据学生的选题学生会被分配到相应的导师那里去得到更详细、专业的指导。在此次活动中，科学论文学习成了学生们语言学习、语文阅读理解、写作的原动力，数学图形绘制、公式理解的奠基石，英语阅读、外国风情体验的存储库，美术、社会实践的统一体。学生从教室走进大自然、走进生活、走进自我，用平板电脑记录跟自己选题相关的知识，用思维导图软件总结自己的所思所想，讲述了一个又一个图文并茂的可视化故事。平板电脑变成了学生观察世界的窗口，而不是接收任务的终端。因此，一名教师必须具备对课程结构重组的素养，能参与跨学科的课程设计与教学，甚至可以做跨学科学习的指导者、领路人的角色。

教师一旦具备课程结构重组的素养，那么就能比较轻松地打破40或45分钟的固定课时安排，根据学科和课型特点灵活设置长短课或大小课，开展线上线下相结合的混合式教学。线下学习瞄准需要精讲的知识点，发挥讲授式

教学的优势，帮助学生形成基本的认知结构，促进知识的内化。线上学习采用探究式教学方式，鼓励学生利用平板电脑开展自主学习和合作学习，更深层次地理解知识，实现知识的有效迁移。这就是教师必须具备的教学流程再造的素养。

教师具备了对课程结构重组、教学流程再造的素养后，对教学评价也要相应进行重构。平板电脑可以跟踪学生的学习路径，开展即时的交互评价，教师能随时掌握学生的学习状况，给予及时的反馈，并调整教学进度，不断优化教学，为学生提供有针对性的学习支持。这种评价方式更加关注学生的综合素质能力，激励学生把学到的理论知识运用到生活中去。这就是教学必须具备的教学评价重构的素养。

综上所述，在平板支持下的泛在学习中，教师不再是一个用粉笔板书、用纸质教案、用传统教法进行教学的传统教师了，而应该是一个准确把握教学本质、拥有创新思维、高"技术"教学法，能灵活再造课程结构、重组教学流程和重构教学评价，创设一种富有生机、灵活创新的个性化教育，从而使每一位学生都获得充分自主的发展的科技型教师，只有这样的教师才能将平板支持下的泛在学习推向正轨，推向高潮！

探究性学习中的特殊需求教学

近年来,科学教学已经逐步完成了从以教师为中心到以学生为中心,从学生被动接受式教学到学生自主探究式学习的转变。然而,由于学生个体差异的客观存在,针对有特殊需求学生的教学不可避免,特殊需求主要表现为学习困难。

学习困难是指智力基本正常的学龄期儿童学业成绩明显落后的一类综合征。一般是指有适当学习机会的学龄期儿童,由于环境、心理和素质等方面的问题,学习技能的获得或发展出现障碍,表现为经常性的学业成绩不良或因此而留级。我在教学工作中遇到了以下几类在探究性学习中表现为学习困难的学生,包括自闭型学困生、认知能力障碍以及学力超常三种类型。以下是我们遇到的部分案例及对策实践:

案例一:自闭型学困生

学生A。

年级:五年级。

课程:做一个生态瓶。

学生A日常表现:几乎所有学科老师都反应该学生上课从来不听讲,也不按照老师指令来做,上课时总是埋头干自己的事,成绩一般,平常在同学中也显得比较孤立。在科学课上,我发现他总是埋头画画,一节课从头画到尾,老师的指令也无法纠正他的行为,看起来该生对绘画兴趣浓厚。本着以探究性学习激发学生兴趣的策略,针对这种情况,我们对"做一个生态瓶"这节课进行了特别设计。

教材要求学生自己做一个可以自给自足的生态瓶,里面要有浮萍、水草、沙土、小鱼、蜗牛等,在不放饲料的前提下,里面的植物和动物都能存活下来。说这些要求的时候,该生依然如往常一样,不闻不问,埋头绘画。

为了激发他的兴趣，我找了一个生态瓶的图片拿到他面前，说老师想请他帮个忙，把生态瓶画出来，没想到他一口答应，只用了很短的时间他就把生态瓶画了出来，而且画面丰富，充满色彩。我把他的画作为榜样，要求所有学生参照他的画画出生态瓶，并根据画回家制作出一个真实的生态瓶带到学校分享。一周后，A把自己制作的生态瓶带到了学校与大家分享，生态瓶非常漂亮，同学们都赞不绝口，这是所有科学课程中他学得最好的一节课，掌握了所有的知识点。

总结对策：在探究性教学中，激发学生兴趣是非常关键的一步，即使是自闭型的学困生也有其感兴趣的点，我们应该从了解这些学生入手，找出他们的兴趣点，再将这些兴趣点与教学相结合，相信可以收到非常好的效果。在日后的教学中我将继续进行验证。

案例二：认知障碍型学困生

学生B。

年级：六年级。

课程：杠杆的科学。

学生B日常表现：该学生似乎有阅读文字的障碍，据其他科目老师以及同学的反应，该生从不看书、不写作业，甚至有时候上课书都是倒着的，但是能够听懂教学内容，由于不能阅读，课后知识得不到巩固，所以成绩一直不是很好，长时间下来上课注意力也不集中了，落下的课程越来越多。在上《杠杆的科学》一课的时候，由于概念性的东西很多，描述性文字逻辑严密，相对于小学生来说略显晦涩，更别说是学困生了，针对此点，我对此课程也进行了特别设计。

教学大纲要求学生理解杠杆的概念，用杠杆尺做实验，收集并整理数据，分析认识杠杆省力、费力和不省力也不费力的规律。我首先让大家把书全部收起来，本节课的教学不会用到课本。我将杠杆工作原理的各个环节做成动画，并拿来了各种杠杆类的工具，解说杠杆的概念。随后让学生自己动手体验杠杆的作用。之前这个学生每次动手实验时动作都特别慢，其他学生都做完了，甚至得出结论了，他的工具可能还没组装好，更别说利用工具做完实验了。当我意识到他对文字反应似乎比其他学生要迟缓时，采用了视频展示的方法，在分组实验时，我亲自来到他们这一组进行示范、解说，并让他复述我之前的解说内容，等到他能够流利地复述出来后再动手实验，这次的实验，他完成得异常成功，没多久杠杆尺就迅速组装好，并且借助杠杆尺找到了省力、费力的原因与用力点和阻力点与支点的距离有关，得出结论的速度也非常快。课后作业的部分，我与该生家长沟通，将作业题发到家长的微信上，再让该生回家后以微信语音的方式回答问题，同时将上课时的所有多媒体资料传给家长一份，由家长敦促其完成课后复习。

总结对策：对于认知障碍型的学困生，首先应该找准认知障碍形成的原因，如果是心理因素应该竭力引导消除，如果是生理因素，可以考虑借助多样的教学手段有针对性地进行教学，同时教师也应给予这一类学生特别的关注，建立良好的师生关系，创造适合他们的学习环境。家长的作用也非常重要，加强与此类学生家长的沟通，共同解决教师教学、学生学习过程中遇到的各种困难。

案例三：学力超常生

学生C。

年级：五年级。

课程：证明地球在自转。

如果天才学生认知发展学习需求不被满足，其具有的强项和优势反而可能成为障碍问题。该生平时上课时表现为闲话较多，固执，因专注而讨厌死记硬背，经常想入非非，拒绝常规，对于同学的批评和拒绝很敏感。当我意识到这些问题时，我鼓励他阅读各种各样的科学书籍，让他将学到的新知识记录下来。五年级下册有一个单元是关于天文的知识，上课前我说如果有学生天文知识丰富，可以自己上台来当一当小老师，课后我特意鼓励他做准备。一再鼓舞之下，他终于答应了。自那之后，每次有问题时他都会很积极地和我探讨。由他上的那节课非常出色，身为老师的我都觉这个学生的口头表达能力非常棒，记忆力超强，没有看一眼自己准备的"教案"，节奏感极佳地将这节课上完了，受到了同学们的一致好评。

总结对策：通过对这个学生的观察，加上查阅相关文献，作为科学教师，无法长时间对该类学生进行教育，那么我认为对于学力超常生，在科学课堂上可以采取以下几点培养方法：

（1）根据学生的需求传授与其能力水平相当的内容，可以提升深度、广度和复杂性，加快教与学的步伐，允许其学习更高级的课程。

（2）指导学生学习研究性学习的技能，并运用到日常学习中。

（3）鼓励学生用不同的方式解决同一个问题。

（4）提供机会，让学生处理真实生活中的问题，寻求解决问题的方法，并展示于众。

结论：

特殊需求生往往呈现出一定的学校疏离感，很多学生容易体会到无意义感、拘束感。教师在日常生活和教学中，应该给予他们更多的关注，帮助他们建立良好的校园人际关系，增强他们的学习动机，让他们能正确地认识自我，提高抗压能力，真正的因材施教而不是无意义的责备。学校也更应加强对特殊需求生的管理，和教师们一同探究针对他们的教育方法和手段。

未来课堂之数学学习

近几年，随着信息技术的发展，特别是5G概念的提出并逐渐走进我们的生活，人们越来越注重信息技术对教育的影响，可以想象，在不久的将来，信息技术必将对教育产生革命性的变革，未来课堂，路在何方？

不论怎样，未来的学习更注重以人为本和以学为本的智慧学习，关注点更聚焦学生、聚焦学习。在信息技术的引领下，未来的学习可实现学习形式的多样化、内容呈现的形象化和动态化、互动交流的实时化、空间拓展的无线化、学生组合的任意化、资源利用的充分化、装备操作的便利化、使用管理的一体化、学生学习的个性化，这些智能足以使我们的学习充满灵动、创造和意义。

未来的数学学习呢？当然也同样具有以上特征，那么具体而言，究竟有什么样的特征？本文将畅想未来数学学习。

一、基于应用的数学学习

随着信息技术的超高速发展、云端的建立、信息量与物质的极大丰富，人们更需要具有超强的获取信息、分析处理信息，特别是优化信息的能力，这需要利用科学的手段与策略去处理信息，而数学则是分析问题、解决问题的核心学科，于是基于应用的学将成为未来数学学习的核心要素之一。分析问题、提升问题、优化能力则时刻伴随着人们的生活，随着物质的极大丰富，人们必须去选择、分析与综合衡量货物的价格与质量，这就要求学生必须在生活中应用数学，在应用中学，在学中应用，为生活的应用而学必将成为未来数学学习的重要因素之一。

二、基于信息技术的数学学习

未来的数学学习是在云端学习，是在信息技术的引领下，更方便、更快捷地学习与应用，计算的快捷性、解决与分析问题的科学性与合理性、描述与理解事情的准确性与结构性，无时无刻不在充盈着数学、引领数学的学习。

泛在学习创造智能化的环境让学生充分获取数学学习的机会与提供数学学习的信息，这与让学生到学校或图书馆进行学习或通过网络获取学习信息有很大的差异。泛在学习的目标就是创造让学生随时随地、利用任何终端进行学习的教育环境，实现更有效的学生中心教育。这就是所说的4A（Anyone，Anytime，Anywhere，Anydevice）学习情境，在泛在学习环境中，学生根据各自的需要在多样的空间以多样的方式进行学习，即所有的实际空间成为学习的空间。学生根据自己的特性有选择地进行学习，利用微课、慕课进行有针对性的学习，在互联网上与同伴无时空地交流、分享自己的学习心得与学习过程，数学的学习内容都在云端，学习的方式更加体现了个性化、特色化，真正实现了因材施教的教学理念，提升了以学定学、因材定学的以学习者为中心的学习理念。从而知识的获得、储存、编辑、表现、传授、创造等的最优化的智能化环境将提高人们的创造能力和问题解决能力。可想而知，未来的数学学习将搭载在信息技术的超高速列车上前行。

三、基于大数据的数学学习

随着大数据的到来，生活中处处存在数据，时时依靠数据，数字化人生是适应未来社会生活的核心指标。运动数据、饮食数据、身体各器官数据、学习过程实时数据等都会充盈着我们的生活，收集与整理大数据，分析处理大数据，根据大数据进行分析预测都促使着我们去研究、去探究。数学的学习是基于信息化、基于大数据的，数学的发展则是为了学生适应特别是超越未来社会生活，以便更幸福、更快乐地生活。

四、基于兴趣的游戏化学习

游戏是以直接获得快感为主要目的，且必须有主体参与互动的活动。索尼在线娱乐的首席创意官拉夫·科斯特则认为游戏就是在快乐中学会某种本领的活动。根据人的性格特点，无论儿童或成人的生活都离不开游戏。游戏是最符合儿童身心发展特点的一种活动，它在给儿童快乐的同时让儿童受到教育。苏联著名教育家苏霍姆林斯基说过："没有游戏就没有也不可能有完美的智力发展。游戏犹如打开的一扇巨大而明亮的窗，源源不断地将有关周围世界的观念和概念的湍流，通过这扇窗注入孩子的心田。游戏犹如火花，它点燃探索和求知的火焰。"对于儿童来说，玩耍就是最好的学习，因为这是他们认识世界特有的方法。数学学习必将结合游戏，我们需要创造更加适合学习者的游戏，如数学实验室仿真模拟，更能让学生参与、体验式学习，真正是在"用数学"。我们常见的口算游戏、场景化游戏、解决问题与探究类游戏的设计与应用更能被学生所接受。在游戏化的探究中增强了学生的学习兴趣，培养了学生解决问题和分析问题的能力，因为游戏的摄入，数学兴趣盎然，学生对数学的学习兴趣渐浓。

认真观察生活中形形色色的学生就会发现，会玩的学生大多数是灵活聪明、身体健壮、善于交往合作的学生。英国有句谚语说得好：整天用功不玩耍，聪明孩子也变傻。很多时候，人类在游戏中表现出的能力让人叹为观止。

五、基于可视化的体验学习

随着5G通信技术的进一步实现，特别是AR和VR增强现实技术的应用，很多不可能或者难以实现的内容逐一呈现在学生眼前，学生通过直觉的感官体验进行深度学习，学生可置于虚拟世界中，不仅仅对数学知识和内容进行学习，更重要的是体验和感悟数学思想方法在生活中的具体应用，数学变得不再那么难以理解，反而变得好玩、有趣、有味了，这就是新技术融入课堂所带来的革命性变革。

未来的世界必将是美好的，未来的数学学习必将是丰富多彩的。数学曾被认为是为中国古代六艺之一，亦被古希腊学者视为哲学之起点，意思是"学问的基础"，对于未来，数学将继续引领时代的发展，在信息技术的创造创意时代，必将呈现新的起点。

相融共生的师生学习路径初探

——以北师大版三年级下册第一单元《分桃子》为例

《义务教育数学课程标准（2011年版）》指出，学生要体会运算的意义，掌握必要的运算技能，能准确进行运算，建立数感、符号感和空间观念，初步形成几何直观和运算能力，发展形象思维和抽象思维，对身边与数学有关的事物有好奇心，能参与数学活动。结合课标，我们应围绕学生的学习、教师的教学以及教师对学情的深入分析，设计适合某一内容的学习路径。一定会有最优的学习路径，适合大多数学生的学习，这就需要教师精心地设计，准确地把握课堂动态，紧紧围绕学习目标组织学生的学习。本文将以北师大版三年级下册第一单元《分桃子》为例，深入剖析师生不同角色在学习时的不同路径，尝试研究师生相融共生的学习路径，以充分有利于学生的学习，有利于学生的成长。

本节课创设了猴子分桃子的情境，生动有趣，贴近儿童生活。情境中呈现的信息是：有6筐桃子，每筐10个，右边放8个桃子，平均分给为2只猴子，每只猴子分到多少个桃子？本节课是学习两位数除以一位数，商是两位数的除法，这是在学生对除法竖式有了初步的认识，并学习了两位数除以一位数口算的基础上安排的内容，本节课的重点是学习用竖式进行除法计算，难点在于理解除法竖式每一步的含义。把握本节课的重难点、突破难点极其重要，下面我们就结合如何突破重难点，以及不同的学习路径达到的效果不同而展开思考。

一、学生的学习路径

依据课程标准所鼓励的新的学习方式（以独立思考、主动探索、合作交流为主要方式），让学生先自主思考与尝试解决此问题，学生根据已有知识经验，有可能采用以下四种路径解决此问题。

1. 原图操作

学生会根据平均分的意义，用笔在原图上圈一圈，先把6筐桃子圈成两个大圈，然后再圈8个桃子，也圈成两个大圈，每只猴子分得30+4=34个桃子。学生会充分利用情境图，通过圈一圈、算一算的方式进行理解与计算，最终解决此问题。在原图上进行操作，形象直观，通过画一画、圈一圈进一步理解了平均分的意义。

2. 直观模型

经历了类似于在原图上进行操作的分物过程，学生通过小棒或动手画出小棒，建立几何模型，对小棒进行操作，同样具有生动形象等特点，学生易于理解。

3. 口算计算

学生可以利用口算算式表示分得的过程，首先60÷2=30，然后8÷2=4，最后30+4=34，每只猴子可以分到34个桃子。此方法是利用口算算式来解决此问题，学生也是先分整篮的，再分篮子外面8个散的桃子，然后把二者相加，则每只猴子分到34个桃子。这种方法简明扼要地呈现了分得过程，充分挖掘学生已有知识经验解决新的问题。

4. 竖式计算

部分学生已经有了竖式计算的经验，直接利用竖式来计算68除以2。对于这群学生，大部分学生只会采用程序性操作方式来求出结果（错误率较高），对于为什么这样算、算理是什么一般说不太清楚，总的来讲，只能求出结果，不能说出算理。

总体而言，学生自主学习会有这四种不同的学习路径，同时有部分学生兼具2~3个不同的路径，这是学生的起点，是学生自主探究的结果，依据这样的结果，小组内或全班进行分享，最终形成对两位数除一位数更深层次的理解。学生的学习路径则是自主探究—合作学习—全班分享，这种粗犷式的学习流程，对于不同水平的学生、不同学习路径的学生，教师如何寻找更好的学习路径呢？下面我们来深入探究一下。

二、教师的教学路径

新课标指出，学生是学习的主体，教师是学习的组织者、引导者和合作者。但在实际的学习中，不同的教师则有不同的教学路径，有不同的学生观、课程观。依据平时对课堂的了解，笔者认为可能会出现以下三种不同的教学路径。

路径一：跟着课本走教案路径

有的教师会根据书上的流程走自己的教案，以走完、走过流程为主，完全没有把握本节课的重难点，不能根据学生的情况实时地调整自己的教学路径，以教案所定的路线走，生怕上不完课或控制不了课堂，从而不能完成本节课的教学目标，更达不到课标要求。

路径二：追求方法多样化路径

对于这样的探究性问题，有部分教师先让学生探究，然后汇报分享，呈现不同方法，按照这样的路径组织学生学习，重点落在了探究方法多样化，没能突出本节课的重点，即学会用除法竖式进行计算并理解算法算理，从而走偏了教学路径。

路径三：融学生想法与知识逻辑路径

学习不是单行线，学习是交响乐。学习是应注重多方面参与共建的认知活动，学习是师生共同参与、交往互动、共同发展的过程。本类型的学习路径是学生自主探究不同方法，小组交流分享、互教互学，全班共同建构、共同研讨，多种方法的呈现深化了对除法竖式的理解，不同方法互学互通理解促进了学生对除法竖式的理解，从而突破了本节课的重难点。

三、师生相融的学习路径

学生的学习应当是一个生动活泼的、主动和富有个性的过程。笔者依据新课标的要求，根据学生特点，设计了师生相融共生的学习路径，它既能呈现不同方法，也能抓住重点，从而突破难点；它既能适合不同思维发展水平的学生，又能结合不同思考路径进行融会贯通的过程。我采用自主探究—小组分享—全班交流—融会贯通—深化升华五个层次进行本节课的学习。

1. 自主探究

这是发展学生自学能力很重要的一个环节，不容忽视。平均每只猴子能分到几个桃子，请学生们拿出练习本，用自己喜欢的方式尝试解答，完成后尽可能思考还有没有其他方法。放手让学生主动探究，给予学生时间和空间让学生经历观察、猜测、计算推理和验证等活动过程，学生们会给你更多惊喜，相信学生，相信未来。

2. 小组分享

这个环节很多教师会直接忽略，觉得可要可不要，有的教师觉得纯粹在浪费时间。笔者认为，这个环节一定要有并且要好好去做，作为教师要共建学生学习共同体，让小组学生紧紧围绕核心问题，分享自己的解决方式，这个环节信息流非常大，每个小组都在分享思考过程、交流讨论。根据学习金字塔原理，讨论、实践和现学现教是学习效率最高的方式，小组分享参与率高，同学之间的互帮互学促进生生对话，打造小组学习共同体。此时教师则走进小组，一是参与小组讨论，二是物色各种方法，精选不同方法或同方法不同表达以备全班分享。

3. 全班交流

本环节依据教师、学生各类不同方法策略和教师在参加小组交流时发现的问题，采用递进式汇报方式，按照从方法的简单到复杂，竖式计算放在后面，接着让学生对黑板上所有方法进行提问（最好能让学生养成横向对比的习惯），对不同方法进行完善和补充，尽可能多地让学生参与，组建生生对话的场景。

4. 融会贯通

在汇报的过程中，让学生对比方法与方法之间的区别与联系，对于本问题来讲，利用直观图、小棒和口算算式来说明除法算理非常关键，是突破本节课重难点最重要、最核心的部分，教师要引导学生对比分析。这里学生可能会写出不同的除法竖式，教师引导学生结合分物及口算算式的过程，显而易见地理解除法竖式每一步的意义，从而理解算理算法。

5. 深化升华

学生对不同方法有不同理解，不同方法又能帮助学生理解除法竖式，这样就能突破本节课的重难点，光让学生达到这个层次依然不够，必须让学生通过一系列的学习活动，总结概述出解决问题的一般规律，提炼出或者悟出蕴含其中的数学思想，并内化到自己的行为模式中去。

按照这五个层次的学习和教学路径，结合学生已有知识经验，紧紧围绕本节课学习目标（①探索两位数除以一位数的计算方法；②体会平分物过程与除法竖式计算过程的联系），采用师生相融共建的学习路径模式，提高了学生分析问题和解决问题的能力，学生的认知能力、创新能力和合作能力得到培养与加强，从而造就了学生良好的数学素养。

小学科学教材校本化"微处理"实践初探

——以教科版六年级下册《微小世界》单元为例

新修订的课程计划进一步赋予学校课程自主开发权,实行国家、地方、学校三级管理。科学在小学阶段的学习要求具有一定的弹性,因此作为一线教育教学的科学教师要结合校本实际做校本课程的建设。在梳理、建设校本课程中,研究者把握当今世界科学教育的新潮趋势和方向,如项目式学习、STEM教育研究和关键能力培养,首先确立明确的宗旨:以儿童发展规律为原点,以学生为中心;其次,探索国家课程的有效微处理策略、措施。研究者以教科版六年级下册《科学》第一单元《微小世界》为个案,针对教学过程出现的问题对教材进行了校本化的有效"微处理",让教学内容和过程更"接地气",更适合学生大班额上课的现实,让学生的关键能力实现整体"箱式"提升。

一、厘清单元内容结构的层次与单元教学目标的要求

教科版小学科学教材是在国家《义务教育小学科学课程标准(2017年版)》的指导下,由国内多位科学教育专家共同编写的一套教材。它注重构建学生的科学概念,以大单元编写形式的特色呈现,是国内使用最广的一套科学教材。研究者参照科学教材和《科学教师教学用书》,整理了教材目录与教学目标(见表6-4)。

表6-4 参照科学教材和《科学教师教学用书》整理的教材目录与教学目标

序号	单元《微小世界》	单元教学目标
1	《放大镜》	1.科学概念 （1）放大镜和显微镜能将物体的图像放大，使我们看到物体的更多细节。 （2）为了能将物体的图像放大，透镜应是透明的、中间较厚，放大倍数与中间的厚度直接有关。 （3）细胞是生物生命活动的最基本单位，生物都是由细胞组成的。 （4）微生物在大自然中广泛存在，它和我们的生活生产环境有着密切的关系。 （5）微生物是生物，具有生物的共同特点，也由细胞组成。 2.过程与方法 （1）运用手持透镜及显微镜观察生物及非生物标本。 （2）学习使用适当的器材及技术观察细胞和微生物。 （3）通过文字、绘画、讨论等形式记录、交流观察结果。 （4）通过观察实验及收集资料，了解人类在探索微小世界方面取得的成果，并以多种方式交流及汇报。 3.情感态度价值观 （1）发展探索微小世界的兴趣。 （2）认识到科学技术的发展会促进观察工具的不断进步。 （3）认识到我们周围的物质世界是可以认识的。 （4）对人类的探索精神和发明成果表示敬佩
2	《放大镜下的昆虫世界》	
3	《放大镜下的晶体》	
4	《怎样放得更大》	
5	《用显微镜观察身边的生命世界（一）》	
6	《用显微镜观察身边的生命世界（二）》	
7	《用显微镜观察身边的生命世界（三）》	
8	《微小世界和我们》	

二、分析教材编排设计以及教学过程中的困境

从教材内容中可以看出，整个单元富有"S-T-S"设计理念和体系，从人们对放大的需求到放大镜的发明使用，再到显微镜的发明使用，隐含部分科学历程的教育，最后回归我们的生活。这一看似完美的单元设计，在现实的教学中却屡屡受困，主要表现在：①放大镜对于六年级的学生来说并不陌生，不是什么新鲜东西，对学生没有吸引力；②教材编排以放大镜为主要材料的内容占据了四个课时，学生越发没有兴趣；③学生有提前预习过教材内

容，早在第一节课拿到放大镜开始就在"玩"后面几节课遇到的"玩法"，学习到后面的内容也表现出没什么新鲜劲；④放大镜的倍数只有2~3倍，用放大镜看晶体、昆虫等物品，也没觉得看到了放大镜下有多么不一样的世界；⑤显微镜对学生来说充满诱惑力，但教材内容限制了显微镜使用的时间和频率，显得"意犹未尽"。

从单元教学目标中可以看出，教学目标分为三个维度"科学概念""过程与方法""情感态度与价值观"，这显然是停留在2001年颁布的《全日制义务教育科学（3~6年级）课程标准（实验稿）》层面，自从2017年2月教育部颁布了《义务教育小学科学课程标准》开始，新版的课程标准将科学课的性质由"启蒙课程"改为"基础课程"，地位更加重要。课程目标除了科学知识、科学探究、科学态度外，还新增了"科学、技术、社会与环境"的教学目标，要求学生了解人类活动对自然环境和社会变迁的影响，在科学技术的研究实验中考虑伦理道德的价值取向。在科学课程中凸显STEM（科学、技术、工程与数学）教育已经是当今国际科学教育发展的突出特点，其中STEM教育的关键要素就是工程和技术。让小学生接触工程和技术，不仅可以促进他们对科学、数学的学习和理解，也为学生认识人工世界、参与动手实践、发展创新能力提供了平台。

三、探索国家课程教材校本化的有效"微处理"

有效微处理策略1：目标增维

教学目标是教学的出发点和归宿，是教师对学生达到的学习成果或最终行为的明确阐述。一切教学活动都是围绕教学目标来进行和展开的。在微处理国家教材的同时，首先深入学习《义务教育小学科学课程标准》精神要义，把握标准，确定教学的目标。其次，新增"科学、技术、社会与环境"这一维度的教学目标，把"三维目标"升级为"思维目标"，让我们的教学设计和活动更加贴合国家课程标准的要求，如"科学、技术、社会与环境：①科学技术的发展促进观察工具的不断进步；②观察工具的进步促进社会向前发展"。

有效微处理策略2：精简融合

面对学生非常熟悉的放大镜，对《放大镜》《放大镜下的昆虫世界》《放大镜下的晶体》《怎样放得更大》这四个有关放大镜内容进行精简融合，把这四节课的内容融合为"玩放大镜"。教师准备不同倍数的放大镜、昆虫标本和各样晶体，在一节课内完成教学，让学生经历放大镜下看到不同的世界，同时经历科学历程发展的内涵和需求，有效达成教学目标中"放大镜和显微镜能将物体的图像放大，使我们看到物体更多的细节。运用手持透镜及显微镜观察生物及非生物标本。发展探索微小世界的兴趣"等要求，夯实后续学习的基础。

有效微处理策略3：重点扩容

考虑到学生对显微镜下的微观世界的兴趣，在教学《用显微镜观察身边的生命世界（一）》《用显微镜观察身边的生命世界（二）》《用显微镜观察身边的生命世界（三）》内容时，把比较扁平的内容转化为面向全体学生，整体扩容。在教师的引领下，让学生从学习正确使用显微镜开始（学习显微镜使用方法），到观察玻片标本（使用显微镜观察标本），再到动手制作属于自己的标本（自制玻片标本观察），最后观察微生物在应激状态下的变化和反应（灵动的微生物世界），整个单元教学充满着兴奋点，让学生在实践中进一步提升动手操作能力和实践操作能力。

国家课程教材校本化不仅适合我国新课程改革的特点和需要，也符合学校和教师相互适应的主导价值追求。小学科学教材校本化微处理不是国家课程和校本课程的双体并行，而是国家和校本课程双轨合一，基于标准的课程教材微处理，让教学内容和过程更"接地气"。在常规教学中，更适合学生大班额上课的现实，面向全体学生，依托学科的优势，积极拓展学生学习的外延空间，让学生在实践中去观察、去体验，实现既"保课程标准的底"，又适度拓展学习空间，彰显学科、学校特色。

参考文献

[1] Krashen. Principlesand Practicein Second Language Acuqusition［M］. Amsterdam：Elsevier，1982.

[2] Krashen. The Hypothesis–Issuesand Implications［M］. London：Longman，1985.

[3] Tarone，Elaine，Yule，George. Focuson Language Teaching［M］. Oxford：Oxford University Press，1999.

[4] 杨淑玲. Reading Aloud as a Vocabulary Mnemonic Technique［D］. 天津：天津师范大学，2002.

[5] 徐锦芬. The Theory and Practice of Modern Foreign Language Teaching［M］. 武汉：武汉华中科技大学出版社，2006.

[6] 林崇德. 21世纪学生发展核心素养研究［M］. 北京：北京师范大学出版社，2017.

[7] 核心素养研究课题组. 中国学生发展核心素养［J］. 中国教育学刊，2016（10）：1-3.

[8] 吴陈兵. 核心素养研究：内涵、价值与展望［J］. 教师教育论坛，2016（12）：25-29.

[9] 成尚荣. 核心素养：开启素质教育新阶段［N］. 中国教育报，2016-05-18（9）.

[10] 林崇德. 中国学生核心素养研究［J］. 心理与行为研究，2017（2）：145-154.

[11] 常珊珊，李家清. 课程改革深化背景下的核心素养体系构建［J］. 课程·教材·教法，2015（9）：50-51.

[12] 中华人民共和国教育部. 义务教育英语课程标准（2011年版）解读［M］. 北京：北京师范大学出版社，2012.

[13] 郭文娟，刘洁玲.核心素养框架构建：自主学习能力的视角［J］.全球教育展望，2017（3）：16-28.

[14] 曾瑞华.中学生课外阅读现状调查引发的思考［J］.教育学术月刊，2010（10）：62-64.

[15] 袁振国，张绪培，崔允漷，等.核心素养如何转化为学生素质［N］.光明日报，2015-12-08（12）.

[16] 杨向东.核心素养与我国基础教育课程改革的深化［J］.上海课程教学研究，2016（2）：4-7.

[17] 成尚荣.基础性：学生核心素养之"核心"［J］.人民教育，2015（7）：24-25.

[18] 朱立明.基于深化课程改革的数学核心素养体系构建［J］.课程与教学，2016（5）：76-80.

[19] 章建跃.树立课程意识，落实核心素养［J］.数学通报，2016（5）：1-4.

[20] 张立功.完善学校课程体系，促进学生多样化发展［J］.基础教育参考，2015（21）：34-36.

[21] 奚亚英，王岚.基于个性化发展目标创新学校课程体系［J］.江苏教育研究，2017（1）：42-46.

[22] 阎浩，苏红.核心素养落地的三维通道［J］.教学管理，2018（11）：1-3.

[23] 刘克平.新时代背景下基于核心素养的教学方式变革探究［J］.教学与管理，2018（11）：40-42.

[24] 褚宏启.核心素养的概念与本质［J］.华东师范大学学报（教育科学版），2016（1）：1-3.

[25] 辛涛，姜宇，刘霞.我国义务教育阶段学生核心素养模型的构建［J］.北京师范大学学报（社会科学版），2013（1）：5-11.

[26] 张洪玲，陈晓波.新版课程标准解析与教学指导 小学语文［M］.北京：北京师范大学出版社，2012.

[27] 潘新和.新课程语文教学论［M］.北京：人民教育出版社，2005.

[28] 常攀攀.为了学生核心素养发展的合作学习［J］.新课程研究，2016（4）：48-51.

[29] 王鑫.以学生核心素养为统领的学校课程体系建设[J].教育研究，2017（9）：148-153.

[30] 皮连生.学与教的心理学[M].上海：华东师范大学出版社，1990.

[31] 邵瑞珍.教育心理学[M].上海：上海教育出版社，1997.

[32] 王宗炎.朗读和英语学习[J].外语与外语教学，2002（8）：51-52.

[33] 文秋芳.英语学习策略论[M].上海：上海外语教育出版社，1996.

[34] 吴丽林.英语学习者词汇记忆差异个案研究[J].外语教学与研究，2001（3）：193-198.

[35] 肖建壮.英语学习策略[M].北京：现代出版社，1997.

[36] 谢少万.英语朗读教学初探[J].高等专科学校学报，2000（16）：54-57.

[37] 沈玉红.基于"核心素养"培育提升教师课堂教学评价力[J].中小学教师培训，2018（11）：33-35.

[38] 李树培.综合实践活动课程核心素养与评价探析[J].全球教育展望，2016（7）：14-22.

[39] 尤其达.输入与输出并举，提高英语应用能力[J].外语界，2001（6）：40-43.

[40] 中国社会科学院语言研究所词典编辑室.现代汉语词典[M].6版.北京：商务印书馆，2012.

[41] 顾晓梅.小学生语感培养的路径与策略探寻[J].基础教育研究，2016（14）：12-15.

[42] 王玉辉，王雅萍.语文课程与教学论（教师教育"十二五"规划教材）[M].北京：北京师范大学出版社，2012.

[43] 杨鸿年.童声合唱训练学[M].北京：人民音乐出版社，2002.

[44] 陈巧姑.童声合唱辅导与指挥[M].北京：金盾出版社，2013.

[45] 中华人民共和国教育部.义务教育英语课程标准（2011年版）[M].北京：北京师范大学出版社，2011.

[46] 王蔷.核心素养背景下英语阅读教学：问题、原则、目标与路径[J].英语学习，2017（2）：19-23.

[47] 陈丽芳.语篇的情境创设需关注的几个细节[J].中小学外语教学，2009（7）：32-34.

[48]李瑞兰.小学英语阅读教学浅见[J].课程教育研究（新教师教学），2014（20）：179-180.

[49]（英）罗伯特·费舍尔.创造性对话：课堂里的思维交流[M].刘敏亚，译.北京：社会科学文献出版社，2014.

[50]林崇德.21世纪学生发展核心素养研究[M].北京：北京师范大学出版社，2016.

[51]詹姆斯·比恩.课程统整：当代教育理论译丛[M].单文经，等，译.上海：华东师范大学出版社，2003.

[52]王蔷，陈则航.中国中小学生英语分级阅读体系标准（实验稿）[M].上海：外语教学与研究出版社，2017.

[53]张飞萍.充分利用教材加强写话教学的策略研究[D].石家庄：河北师范大学，2013.

[54]龙君.新课标下小学低年级看图写话教学方法初探[D].长沙：湖南师范大学，2013.

[55]邓素娇.利用童谣和绘本提高小学低年级学生写话能力初探——以《幸运的内德》一课为例[J].求知导刊，2017（28）：75.

[56]杨丽.利用绘本提高低年级学生写话能力[J].读写算（教育教学研究），2015（45）：58.

[57]王蔷，敖娜仁图雅.中小学生外语阅读素养的构成及教学启示[J].中国外语教育，2015（1）：16-24.

[58]刘建清.小学英语阅读教学策略探析[J].中小学外语教学，2009（10）：4-7.

[59]刘宝胤.英语，爱"拼"才会赢[M].北京：外语教学与研究出版社，2015.

[60]周力平.例谈音素意识在自然拼读法教学中的运用[J].英语学习，2017（S1）：39-41.

[61]范无奇.中学生综合素质评价网络系统研究[D].长春：东北师范大学，2013.

[62]赵杨.关联规则技术在网络学习评价中的应用研究[D].桂林：广西师范大学，2014.

[63]程晓堂，赵思琦.英语学科核心素养的实质内涵[J].课程·教

材·教法，2016（5）：79-86.

[64] 陈琳.颂"学生发展核心素养体系"[J].英语学习（教师版），2016（1）：4-6.

[65] 陈艳君，刘德军.基于英语学科核心素养和本土英语教学理论构建研究[J].课程·教材·教法，2016（3）：50-57.

[66] 张文涛.小学生计算能力的现状及对策[J].四川教育学院学报，2006（10）：40-41.

[67] 唐旭阳.高年级小学生数感问题研究[D].延吉：延边大学，2018.

[68] 梅芳.关于提高小学生计算能力的研究[D].长沙：湖南师范大学，2007.

[69] 郭民.小学生数感的发展与特征研究[D].长春：东北师范大学，2009.

[70] 田露玲.基于培养小学生数感的有效策略[J].科学咨询（教育科研），2019（2）：130-131.

[71] 中华人民共和国教育部.义务教育数学课程标准（2011年版）[M].北京：北京师范大学出版社，2011.

[72] 张祥明.课堂教学中的非规范评价[J].课程·教材·教法，2003（8）：21-24.

[73] 马宁，余胜泉.信息技术与课程整合的层次[J].中国电化教育，2002（1）：9-13.

[74] 孙杰远，何克抗.信息技术与课程整合[M].北京：北京大学出版社，2003.

[75] 祝智庭.信息教育展望[M].上海：华东师范大学出版社，2002.

[76] 汤卫红.立足儿童天性，着眼数学素养——"认识1~5各数"教学片段反思与改进[J].福建教育：小学版（A版），2014（7）：102-104.

[77] 成尚荣.儿童立场：教育从这儿出发[J].人民教育，2007（23）：5-9.

[78] 张俊平.教师，做个思想者[M].天津：天津人民出版社，2009.

[79] 谭金凤.小学生厌学现象分析[C]//中国教育教学丛书编委会.中华教育理论与实践科研论文成果选编（第1卷），2009.

[80] 王晓玉.关于教学情境创设的再思考[J].教学与管理，2011（24）：63-64.

[81] 钱守旺. 钱守旺的小学数学教学主张 [M]. 北京：中国轻工业出版社，2012.

[82] 尹爱青. 当代主要音乐教育体系及教学法 [M]. 长春：东北师范大学出版社，1999.

[83] 吴斌. 音乐课程标准 [M]. 北京：北京师范大学出版社，2011.

[84]（美）伍尔福克. 教育心理学 [M]. 何先友，等，译. 北京：中国轻工业出版社，2007.

[85] 张雅军. 建构主义主导下的自主学习理论与实践 [M]. 武汉：华中师范大学出版社，2012.

[86] 田震清，尹冰心. 论信息技术对21世纪教育观念的影响 [J]. 内蒙古师大学报（哲学社会科学版），2000（2）：48-52.

[87] 刘金霞. 新课程小学语文教学评价的思考与实践 [J]. 赤子（上中旬），2015（18）：165.

[88] 徐娟. 新课程小学语文教学评价的思考与实践 [J]. 教育实践与研究（小学版），2009（10）：31-33.

[89] 赵明瑜. 特技教师课堂语言风格的案例研究 [D]. 济南：山东师范大学，2008.

[90] 徐芳. 关于教师构建幽默课堂的几点思考 [J]. 湖北经济学院学报，2012（7）：156-157.

[91] 陈国海. 国内教学幽默研究述评 [J]. 高等教育研究学报，2007（2）：88-91.

[92] 莫爱屏，潘小波. 国外教师幽默话语研究 [J]. 外语研究，2013（1）：70-75.

[93] 丹尼尔·平克. 全新思维：决胜未来的6大能力 [M]. 高芳，译. 杭州：浙江人民出版社，2013.

[94] 李华. 快乐数学课堂情趣相得益彰——浅谈幽默艺术在数学教学中的运用 [J]. 小学教学研究，2009（10）：109-110.

[95] 钱风萍. 浅谈课堂幽默效应 [J]. 文教资料，2005（17）：131-132.

[96] 孙宇宏. 浅谈幽默教学 [J]. 吉林华侨外国语学院学报，2008（1）：115-118.

[97] 丁芸. 数学教学中教师教学机智研究 [D]. 福州：福建师范大学，

2008.

[98] 金立.合作与会话——合作原则及其应用研究[D].杭州：浙江大学，2005.

[99] 王勤玲.幽默言语的认知语用研究[D].上海：复旦大学，2005.

[100] 赵明瑜.特级教师课堂语言风格的案例研究[D].济南：山东师范大学，2008.

[101] 曹锋，朱曼殊.儿童阅读理解监察能力的初步研究[J].心理科学，1989（6）：20-26.

[102] 陈学锋，谢天壬.从容面对儿童的学习困难[M].北京：北京师范大学出版社，2002.

[103] 董奇，陶沙，等.脑与行为——21世纪的科学前沿[M].北京：北京师范大学出版社，2000.

[104] 何先友.小学生数学自我效能、自我概念与数学成绩关系的研究[J].心理发展与教育，1998（2）：45-48.

[105] 章建跃.数学学习论与学习指导[M].北京：人民教育出版社，2001.

[106] 莫雷.教育心理学[M].广州：广东高等教育出版社，2002.

[107] 全国高等教育自学考试指导委员会.教育学[M].天津：南开大学出版社，2001.

[108] 王振宇.心理学教程[M].3版.北京：人民教育出版社，1998.

[109] 彭懿.图画书：阅读与经典[M].南昌：21世纪出版社，2006.

[110] 郝广才.好绘本如何好[M].南昌：21世纪出版社，2009.

[111] 布罗克·艾德，费尔内特·艾德.贴错标签的孩子：怎样正确理解孩子独特的学习方式[M].王立新，译.北京：当代中国出版社，2008.

[112] 杨福义，张福娟，江琴娣.问题学生的自尊及其相关因素研究[J].心理科学，2004（3）：615-619.

[113] 王晓春.问题学生诊疗手册[M].上海：华东师范大学出版社，2006.

[114] 陈永成.教育心理学：实践者—研究者之路[M].上海：上海人民出版社，2007.

[115] 谢彦波.评价改革：课改务必正视的问题[N].光明日报，2003-09-04.

[116] 邱甜.未来课堂环境下的可视化教学活动设计研究[D].上海：华东师范大学，2018.

[117] 俞晓.因材而练，让作业更有效——数学"个性化作业"的实践与思考[J].小学数学教师，2008（7）：49-58.

[118] 马云鹏，史炳星.认识数感与发展数感[J].数学教育学报，2002（2）：46-49.

[119] 朱晏殊.儿童语言发展研究[M].上海：华东师范大学出版社，1986.

[120] 何克抗.语觉论——儿童语言发展新论[M].北京：人民教育出版社，2004.

[121] 中华人民共和国教育部.义务教育小学科学课程标准（2017年版）[M].北京：北京师范大学出版社，2018.

[122] 刘勉，张际平.虚拟现实视域下的未来课堂教学模式研究[J].中国电化教育，2018（5）：30-37.

[123] 朱传世.国家课程如何地方化、校本化[J].北京教育（普教版），2016（7）：39-41.

[124] 布兰思福特，等.人是如何学习的[M].程可拉，孙亚玲，王旭卿，译.上海：华东师范大学出版社，2013.

[125] 王陆.教师在线实践社区的研究综述[J].中国电化教育，2011（9）：30-42.

[126] 王陆，张敏霞.课堂观察方法与技术[M].北京：北京师范大学出版社，2012.

[127] 杨希洁.差异教学——帮助每个学生获得成功[M].北京：中国轻工业出版社，2004.

[128] 刘兼，孙晓天.数学课程标准解读（实验稿）[M].北京：北京师范大学出版社，2011.

后 记

育才学校"融"课程体系的建设，引发了学校各个方面一系列创新性变革，给学校带来了质的飞跃，这是一场系统性变革，涉及"融"的思想、课程体系和课程实施的变化，让育才学校走向了更高品质。

首先，六大课程板块对学校课程进行了融合性创新，让相近学科更好、更有效地融合，让不同学科通过课程图谱更有度地融合，充分挖掘融合的优势，让课程开发紧紧围绕六大课程板块一一展开，使一大批优秀课程脱颖而出，课程改变，课堂改变，学生改变。

其次，苏霍姆林斯基说过："如果你想让教师的劳动能够给教师带来乐趣，使天天上课不至于变成一种单调乏味的义务，那你就应当引导每一位教师走上从事研究的幸福道路上来。"好课程的研究成就了一大批优秀的教师，聚是一团火，散是满天星，课程工作室紧紧团结了相关学科教师一起做课程、研究课程，不同学科之间交流研讨，碰撞出了智慧，教师们把这些智慧再带到各备课组，一起研讨，相互学习，与其说优秀的课程成批出现，不如说优秀的教师一个个脱颖而出，相互成就。

最后，学校课程系统变革之后，整个学校焕然一新，最终受益的是学生。好课程促成好课堂，好课堂成就优秀的学生，学生的核心素养和关键能力都得到相应提升。开发好课程，培养具有创新精神和创新意识的未来人。

总之，好课程实践提升了学生核心素养，使生动课程、智慧课堂、高效课堂得到延伸并达成目标，让育才学校更优质，教师更精彩，学生更幸福。